AF637207

P.Triegel (Fleischermeister)

# Das große DDR - Wurstbuch

## mit 100 Rezepten und 242 Farbfotos

**Impressum**

| | |
|---|---|
| Autorin: | Peggy Triegel |
| Text und Rezepte: | Peggy Triegel |
| Herausgeber: | Peggy Triegel - Verlag<br>Bauernende 5<br>39164 Wanzleben<br>Tel.: 0178 - 1810398<br>E-mail: triegel-verlag@gmx.de |
| Satz und Gestaltung: | Katja von Roschinsky |
| Druck: | Printed in Litauen |
| ISBN: | 978-3-9816644-0-9 |

Ausgabe 2018

1. Auflage

© 2018 Copyright by Peggy Triegel - Verlag

Das vorliegende Buch als Gesamtwerk, einschließlich seiner Teile, ist urheberrechtlich geschützt.
Alle Rechte der Verbreitung, auch die des Nachdrucks, der Wiedergabe in jeder Form und der Übersetzung in andere Sprachen, ist ohne die Zustimmung der Autorin unzulässig und strafbar.
Es ist ohne die schriftliche Genehmigung der Autorin nicht erlaubt, das Buch und Teile daraus auf fotomechanischem Weg zu vervielfältigen oder unter Verwendung elektronischer bzw. mechanischer Systeme zu speichern, systematisch auszuwerten oder zu verarbeiten.
Der Inhalt dieses Buches ist von der Autorin sorgfältig erarbeitet und überprüft worden. Dennoch kann für die gemachten Angaben keine Garantie übernommen werden und die juristische Haftung ist daher ausgeschlossen.

P.Triegel (Fleischermeister)

# Das große DDR - Wurstbuch

mit 100 Rezepten und 242 Farbfotos

## Über die Autorin

Peggy Triegel wurde 1973 in Magdeburg geboren, wuchs bei ihren Großeltern auf und lebt heute auf einem kleinen Bauernhof in der Börde.

Das Wursten hat in ihrer Familie eine lange Tradition, denn schon ihr Urgroßvater und Großvater züchteten im Zuge der Selbstversorgung Schweine und Kaninchen, die sie dann zu Fleisch, Wurst und Schinken weiterverarbeiteten.

Dadurch wurde auch bei ihr schon frühzeitig das Interesse an der Fleischerei geweckt und bereits im Alter von 10 Jahren stellte sie unter Aufsicht des Großvaters ihre erste Bratwurst und ihren ersten geräucherten Schinken her.

Später machte sie ihr Hobby zum Beruf und ist mittlerweile seit über 25 Jahren im Fleischerhandwerk tätig.

Ihre Meisterprüfung legte sie im bayerischen Landshut ab und studierte danach  Betriebswirtschaft.

In Zusammenarbeit mit K.v.Roschinsky schrieb Peggy Triegel bisher 23 Broschüren zum Thema Wurstherstellung und Catering.

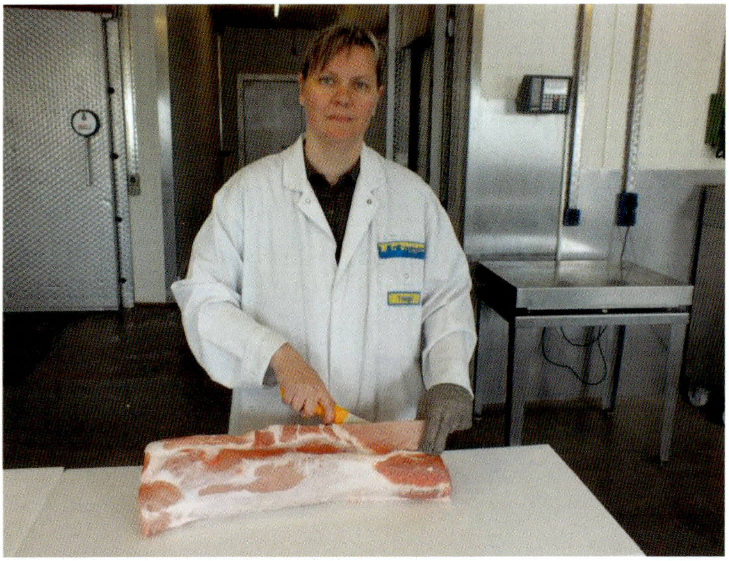

# VORWORT

Als Autorin mehrerer Wurstrezepte - Broschüren für die Hausschlachtung werde ich von meinen Kunden immer wieder danach gefragt, warum die Wurst von heute fast immer gleich und nicht mehr wie früher schmeckt.
Vermisst wird dabei vor allem der arttypische und urige Geschmack.

**Die Antwort ist ganz einfach**:

Früher war die Wurst nur von kurzer Haltbarkeit, was daran lag, dass für die Herstellung nur die unbedingt erforderlichen Zusatzstoffe verwendet wurden.

Die heutige Kundschaft allerdings verlangt ein reichhaltiges Angebot an Wurstwaren mit möglichst langen Mindesthaltbarkeitsdaten. Dabei wird zusätzlich erwartet, dass die Wurst so frisch und lecker schmeckt, als käme sie gerade erst aus dem Kessel.

Das widerspricht sich natürlich, denn lange haltbar wird die Wurst erst durch die Zugabe der verschiedenen Zusatz- und Konservierungsstoffe.

Leider wirkt sich die oftmals sehr reichliche Zugabe dieser Stoffe aber negativ auf die Qualität der Wurst aus, vor allem auf den Geschmack und Geruch.
Beispielhaft hierfür sind abgepackte, verschweißte Wurstwaren, die nach dem Öffnen meist einen unangenehmen, muffigen Geruch verströmen.

Und auch frische Wurstwaren direkt vom Fleischer schmecken oft eintönig, weil sie mit immer denselben handelsüblichen Gewürzmischungen hergestellt werden.

Wenn auch Sie die Urigkeit von früher vermissen und Wurst nach Ihrem eigenen, individuellen Geschmack herstellen möchten, finden Sie die Grundlagen, Rezepte und Anregungen hierfür in meinem Buch.
Sie müssen lediglich ein wenig Zeit investieren und werden am Ende mit einem wohlschmeckenden Ergebnis belohnt.

**Und eines kann ich Ihnen mit Bestimmtheit versichern:**

Nach dem Verzehr Ihrer ersten selbst hergestellten Wurst werden Sie sich unter Garantie fragen: „Warum habe ich es erst jetzt versucht?“

Egal ob Fleischer, Hobbymetzger oder Laie, dieses Buch richtet sich an alle Interessenten, die Spaß am Wursten haben!

P. Triegel

# Inhaltsverzeichnis


FLEISCH UND SEINE INHALTSSTOFFE 13

DIE HAUSSCHLACHTUNG 14
Wann handelt es sich um Hausschlachtung und wann um gewerbliche Schlachtung? 14

Ist bei der Hausschlachtung ein Gewerbeschein erforderlich? 14

GESETZLICHE VORSCHRIFTEN UND REGELUNGEN 14
Welche tierschutzrechtlichen Bestimmungen sind zu beachten? 14
Woher bekomme ich den Sachkundenachweis zum Schlachten? 14
Dürfen Zusatzstoffe bei der Hausschlachtung verwendet werden? 15

HYGIENEVORSCHRIFTEN 15
Infektionsschutz beim Hausschlachten 15
Wie sollte der Schlachtraum beschaffen sein? 16
Die Schlachttier- und Fleischuntersuchung 16

ARBEITSSICHERHEIT UND ARBEITSSCHUTZKLEIDUNG 17
Fleischerschürze und Gummistiefel 17
Arbeitsschuhe mit Stahlkappe und rutschfester Sohle 17
Stechschutzschürze mit Metallringgeflecht 17
Stechschutzhandschuhe mit Unterarmstulpen 17

WERKZEUGE 18
Messer 18
Stahl / Wetzstahl 18
Fleischerbeil 18
Spalter 19
Hackblock / Hackklotz 19
Blockbürste 19
Handknochensäge 19
Schabeglocke / Kratzglocke 19

MASCHINEN 19
Bolzenschussapparat 19
Wurstfüllmaschine 19
Fleischwolf 20
Kutter 21
Mengmaschine / Menger 21

ARBEITSZUBEHÖR 22
Eimer 22
Schüsseln und Wannen 22
Pökelgefäße 22
Lakemesser 22
Pökelspritze / Lakespritze 22
Schneidebretter 22
Wursttrichter 23
Sieb / Seiher 23
Fleischwaage 23
Gewürzwaage 23
Gewürzschaufel 23
Kochkessel 23
Fleischgabel / Kesselgabel 24
Schöpfkelle 24
Messbecher 24
Fleischthermometer 24
Schinkenkocher 24
Leberkäseform 24
Pastetenform 24
Fleischerhaken 24
Fleischerband 24

DÄRME UND SONSTIGE WURSTHÜLLEN 25
Naturdärme 25
Kunstdärme 25
Sonstige Wursthüllen 25
Verwendung der Därme und Wursthüllen 26/27

GEWÜRZE UND ZUSATZSTOFFE 28
Gewürze allgemein 28
Verwendung von Gewürzen 29
Lagerung 29
Gewürze für die Wurst- und Schinkenherstellung 30-33
Zusatzstoffe 34-35

TEILSTÜCKE DES SCHWEINS 36
Teilstücke des Schweins 36
Verwendung der Teilstücke 37-38

KOCHWURST, ROHWURST, BRÜHWURST 40

KOCHWURSTARTEN 40

LEBERWÜRSTE 41
Leberwurstherstellung allgemein 41
Vorbehandlung der Leber 41
Vorbereitung von Fleisch und Fett 42
Zugabe von Zwiebeln 42
Wolfen und Abfüllen 42
Kochen, Kühlen und Räuchern 43
Leberwurstherstellung Fotos 44-45

LEBERWURSTREZEPTE 46
1. Gutsleberwurst 46
2. Zungenleberwurst 47
3. Bauernleberwurst 48
4. Konsumleberwurst 49
5. Bollenleberwurst 50
6. Hausschlachteleberwurst 51
7. Helle Lose Wurst 52
8. Tomatenleberwurst 53
9. Delikateß - Leberwurst 54
10. Kasseler Leberwurst 55
11. Sardellenleberwurst 56
12. Kalbsleberwurst 57
13. Rosinenleberwurst 58
14. Portionsleberwurst 59

BLUTWÜRSTE 60
Blutwurstherstellung allgemein 60-64
Vorbehandlung des Blutes 60
Vorbereitung von Magerfleisch, Schwarten und Speck 60
Verwendung von Schweinezungen und Innereien 61
Wolfen und Abfüllen 61
Kochen, Kühlen und Räuchern 61-62

BLUTWURSTREZEPTE 65
15. Fleischrotwurst 65
16. Fleischblutwurst 66
17. Rüsselwurst 67
18. Speckwurst 68
19. Hausmacher Blutwurst 69
20. Gutsfleischwurst 70
21. Semmelblutwurst 71
22. Grützwurst 72
23. Portionsblutwurst mit Semmeln 73
24. Schweinekopfblutwurst 74
25. Zungenwurst 75

SÜLZEN UND SÜLZWÜRSTE 76

SÜLZEN 76
Herstellung von Sülzen 76
Natürliches Aspik 76
Künstliches Aspik 77
Abfüllen und Kühlen 77

REZEPTE FÜR SÜLZEN 78
26. Kümmelsülze 78
27. Schweinekopfsülze 79
28. Ochsenmaulsülze 80
29. Schweinezunge in Aspik 81
30. Schüsselsülze 82
31. Eisbeinsülze 83

SÜLZWÜRSTE 84
Sülzwurstherstellung allgemein 84/86
Schwartenbrei 84
Vorbereitung des Materials 84
Wolfen und Abfüllen 85
Kochen, Kühlen und Räuchern 85

SÜLZWURSTREZEPTE 87
32. Hausmacher - Sülzwurst mit Paprika 87
33. Rindersülzwurst 88
34. Delikatess - Presskopf 89
35. Fleischpreßsack 90
36. Weißer Schwartenmagen 91

ROHWÜRSTE 92
Rohwurstherstellung allgemein 92

SCHNITTFESTE ROHWÜRSTE 92
Vorbereitung des Materials 92
Kuttern / Wolfen und Abfüllen 93
Umröten und Räuchern 93
Reifung und Lagerung 94

STREICHFÄHIGE ROHWÜRSTE 94
Vorbereitung des Materials 95/96
Kuttern / Wolfen und Abfüllen 95
Umröten und Räuchern 95
Lagerung 95

ROHWURSTREZEPTE 97
37. Cervelatwurst 97
38. Salami 98
39. Lammfleisch - Salami 99
40. Schlackwurst 100
41. Schinkenplockwurst 101
42. Hausmacher - Mettwurst 102
43. Knoblauchmettwurst 103
44. Hausschlachtebratwurst mit Senfkörnern 104
45. Hausschlachtebratwurst mit Knoblauch 104
46. Knacker 105
47. Pfefferknacker 105
48. Feine Teewurst 106
49. Grobe Teewurst 107
50. Zwiebelwurst 108

BRÜHWURST 109
Brühwurstherstellung allgemein 109-113
Warmfleischverarbeitung 110
Kaltfleischverarbeitung 110
Kuttern 110
Abfüllen 111
Trocknen / Räuchern / Brühen 111

BRÜHWURSTREZEPTE 114
51. Wiener Würstchen 114
52. Bouillonwürstchen 115
53. Bockwurst 116
54. Schinkenbockwurst 117
55. Knobländer 118

56. Schmorwurst 120
57. Rostbratwurst 120
58. Rindfleisch - Bratwurst 121
59. Käsebratwurst 121
60. Grobe Bratwurst 122
61. Thüringer Bratwurst 122

SCHINKEN 123

PÖKELN 123
Trockenpökelung 124
Lakepökelung 125
Spritzpökelung 126

PÖKELUTENSILIEN 127
Pökelgefäße 127
Pökelraum 127
Abtropfgitter 127
Trockenraum 127

RÄUCHERN 128
Kalträuchern 128
Warmräuchern 129
Heißräuchern 129

RÄUCHERUTENSILIEN 130
Räucherofen 130
Säge- oder Räuchermehl 131

KNIFFE UND TRICKS BEIM RÄUCHERN 131
Räucherdauer 131
Räuchermethoden 132-134

SCHINKENREZEPTE 135
62. Wacholderschinken 135
63. Geräuchertes Schweinefilet 136
64. Nussschinken 136
65. Lachsschinken 137
66. Schinkenspeck 137
67. Pfefferschinken 138
68. Spaltschinken 139
69. Geräucherter Schweinebauch 140
70. Kammschinken 140
71. Geräucherter Speck 141
72. Keulenschinken 141
73. Rinderschinken 142
74. Rinderfiletschinken 142

75. Hirschschinken 143
76. Schinken vom Hirschkalb 143
77. Nussschinken vom Wildschwein 144
78. Geräucherter Wildschweinrücken 145
79. Lorbeerschinken vom Lamm 146
80. Geräucherte Hähnchenkeulen 146
81. Geräuchertes Entenbrustfilet 147
82. Geräucherte Putenbrust 147

SCHMALZHERSTELLUNG 148

SCHMALZREZEPTE 148
83. Griebenschmalz 148
84. Gänseschmalz 149
85. Apfel - Zwiebel - Schmalz 149
86. Flomenschmalz 150

KONSERVIERUNG 151

DOSENKONSERVEN 151
Pasteurisieren 152
Sterilisieren 152

GLASKONSERVEN 153

WURSTKONSERVEN 154
87. Sahneleberwurst 154
88. Hausmacher Leberwurst 155
89. Hausschlachteblutwurst 156
90. Schwartenwurst 157
91. Pottsuse 158
92. Gehacktes im Glas 159
93. Knackwurst im Glas 160
94. Mortadella 161

KONSERVEN IN ASPIK 162
95. Stichfleisch im Glas 162
96. Eisbein in Gelee 163

FLEISCHKONSERVEN 164
97. Schweinefleisch im eigenen Saft 164
98. Schmalzfleisch 165
99. Rindfleisch im eigenen Saft 166
100. Corned beef 167

SACHWORTREGISTER 168-169

GESETZLICHE QUELLEN 169

BILDNACHWEIS 169

## FLEISCH UND SEINE INHALTSSTOFFE

Fleisch enthält alle wichtigen Nährstoffe, die der menschliche Körper benötigt.

Als **Eiweißlieferant** kommt dem Fleisch hierbei die größte Bedeutung zu, da der Aufbau des tierischen Eiweißes dem menschlichen Körpereiweiß weitgehend ähnelt. Deshalb kann es sehr gut vom menschlichen Organismus aufgenommen und verwertet werden.

Zusammen mit **Wasser** und **Mineralstoffen** fungiert es als Aufbaustoffe im menschlichen Körper und fördert den Stoffwechsel.

Das **Fett** im Fleisch liefert wichtige Energie,ist Geschmacks- und Aromastoffträger und hat einen großen Sättigungswert.

Die im Fleisch am reichhaltigsten vorhandenen **Mineralstoffe** sind Magnesium und Kalium, wobei Magnesium an vielen Stoffwechselprozessen im menschlichen Körper beteiligt und Kalium für die Zellfunktion unentbehrlich ist.

Weitere wichtige Energielieferanten für den menschlichen Körper sind die im Fleisch enthaltenen **Kohlenhydrate.**

**Glykogen** als tierischer Zucker übernimmt hierbei eine Doppelfunktion, denn neben der „Energielieferung“ wird auch der Reifegrad des Fleisches durch seinen Beitrag zur Bildung von Fleischmilchsäure positiv beeinflusst.

Von den im Fleisch vorhandenen **Spurenelementen** ist Eisen besonders wichtig, da es für die Bildung der roten Blutkörperchen benötigt wird.

Und, wer hätte es gedacht, auch Fleisch enthält wichtige **Vitamine.** Besonders reichhaltig ist es an Vitamin B.

## DIE HAUSSCHLACHTUNG

### Wann handelt es sich um Hausschlachtung und wann um gewerbliche Schlachtung?

Der Unterschied zwischen Hausschlachtung (Privatschlachtung) und gewerblicher Schlachtung ist im Fleischhygienegesetz klar definiert.
Somit handelt es sich nur dann um eine Hausschlachtung, wenn das Fleisch ausschließlich in dem schlachtenden Haushalt verwendet wird.
Eine Abgabe an Dritte ist hierbei nicht erlaubt.
Sobald Fleisch und Fleischerzeugnisse an andere abgegeben werden, liegt eine gewerbliche Schlachtung vor.

### Ist bei der Hausschlachtung ein Gewerbeschein erforderlich?

Generell muss jede Person, die Schlachtungen für **andere** Tierhalter durchführt, diese Art von Tätigkeit bei seiner zuständigen Gemeinde als Gewerbe anmelden. Laut Rechtssprechung ist dies aber erst ab 20 - 30 Schlachtungen pro Jahr notwendig.

## GESETZLICHE VORSCHRIFTEN UND REGELUNGEN

### Welche tierschutzrechtlichen Bestimmungen sind zu beachten?

In der Tierschutz - Schlachtverordnung sowie dem Tierschutzgesetz sind die rechtlichen Bestimmungen geregelt, die bei der Schlachtung von Wirbeltieren zu beachten sind. Demnach darf ein Wirbeltier nur unter Betäubung und Vermeidung unnötiger Schmerzen getötet werden.
Vor der Schlachtung sind die Tiere so zu betreuen und ruhig zu stellen, dass bei ihnen nicht mehr als unvermeidbare Aufregung entsteht.

### Woher bekomme ich den Sachkundenachweis zum Schlachten?

Jede Person, die Schlachtungen durchführt, muss über die dafür notwendigen theoretischen und praktischen Sachkenntnisse verfügen.
Bei gewerblichen Schlachtungen ist laut Tierschutzgesetz und Tierschlachtverordnung ein sogenannter Sachkundenachweis erforderlich.
Dieser Nachweis wird nach der erfolgreichen Ablegung einer theoretischen und praktischen Prüfung von den dafür zuständigen Stellen, meist den örtlich zuständigen Veterinärämtern, ausgestellt.
Entsprechende vorherige Schulungen werden von privaten Institutionen oder Landwirtschaftskammern angeboten.
Von einer Prüfung kann im Einzelfall abgesehen werden, wenn ein Studium der Tiermedizin absolviert wurde oder wenn eine Ausbildung als Fleischer, Tierwirt oder Landwirt vorliegt.

### Dürfen Zusatzstoffe bei der Hausschlachtung verwendet werden?

Die Verwendung von Zusatzstoffen bei der Hausschlachtung ist gesetzlich nicht geregelt.
Anders sieht es bei der gewerblichen Schlachtung aus.
Hierbei dürfen nur Zusatzstoffe verwendet werden, die den Geschmack, das Aussehen, die Haltbarkeitsdauer oder die Konsistenz des fertigen Wurst- bzw. Fleischproduktes verbessern.
Die Zusatzstoff - Zulassungsverordnung schreibt vor, dass die Verwendung dieser Zusatzstoffe nur in den gesetzlich zugelassenen Mengen erfolgen darf und zudem gesundheitlich unbedenklich sowie technologisch notwendig sein muss.

## HYGIENEVORSCHRIFTEN

### Infektionsschutz beim Hausschlachten

Auch wenn das bei der Hausschlachtung anfallende Fleisch ausschließlich im eigenen Haushalt verwendet wird und keine Abgabe an andere Personen erfolgt, ist die Einhaltung der gängigen Hygienestandards zur Vermeidung von Infektionen zwingend notwendig.

Hierunter fällt:

- die Verarbeitung der Fleisch- und Wurstwaren hat nur in geschlossenen Räumen zu erfolgen
- es darf nur frisches und hygienisch einwandfreies Fleisch verarbeitet werden
- die an der Schlachtung beteiligten Personen müssen saubere Arbeitskleidung sowie eine Kopfbedeckung tragen
- keine an der Schlachtung beteiligte Person darf krank sein oder offene Wunden haben
- es dürfen nur saubere Werkzeuge, Maschinen und Arbeitszubehör verwendet werden
- der Schlachtraum und alle Geräte müssen nach jedem Schlachttag gründlich gereinigt werden

## Wie sollte der Schlachtraum beschaffen sein?

Im Gegensatz zur gewerblichen Schlachtung gibt es bei der Hausschlachtung keine gesetzlichen Bestimmungen zur Ausstattung des Schlachtraumes.

Um Verunreinigungen des Schlachtfleisches und Arbeitsunfälle zu vermeiden, sollte er jedoch diese Mindestanforderungen erfüllen:

- über eine ausreichende Größe und **gute Beleuchtung verfügen**
- **möglichst abwaschbare Wände sowie Fußböden mit Abflüssen besitzen**
- die Möglichkeit bieten, sich jederzeit mit warmem Wasser die Hände zu **waschen sowie die Werkzeuge zu reinigen**
- über eine Aufhängevorrichtung zum Zerteilen des Schlachtkörpers **verfügen (z.B. Flaschenzug oder Haken an der Decke)**

## Die Schlachttier- und Fleischuntersuchung

Unter der **Schlachttieruntersuchung** versteht man die Lebendbeschau des zu schlachtenden Tieres 24 Stunden vor der Schlachtung. Hierbei wird festgestellt, ob das zu schlachtende Tier gesund ist oder ob es Anzeichen einer Krankheit, Verletzungen oder sonstige Auffälligkeiten aufweist.

Die **Fleischuntersuchung** umfasst die Untersuchung des Schlachtkörpers sowie der inneren Organe unmittelbar nach der Schlachtung, bei Schweinen und Einhufern zusätzlich die Trichinenuntersuchung. Dadurch wird sichergestellt, dass nur gesundheitlich unbedenkliches und für den menschlichen Verzehr geeignetes Fleisch in den Verkehr gelangt.
Beide Untersuchungen haben sowohl bei der gewerblichen Schlachtung als auch bei der Hausschlachtung zu erfolgen und werden durch den amtlichen Tierarzt durchgeführt.

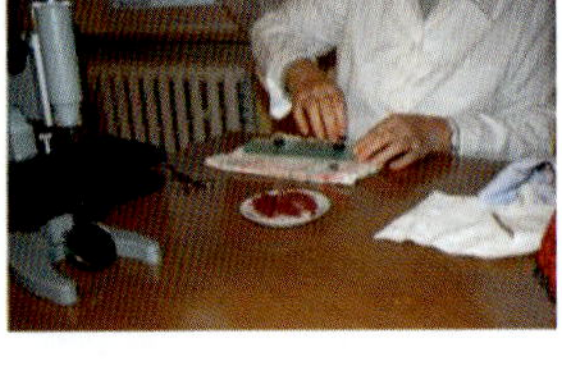

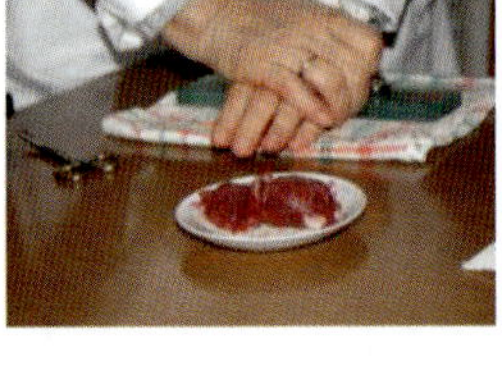

## ARBEITSSICHERHEIT UND ARBEITSSCHUTZKLEIDUNG

Um auch bei der Hausschlachtung das Verletzungsrisiko so gering wie möglich zu halten, sollte während der verschiedenen Arbeitsgänge jeweils die entsprechende Arbeitsschutzkleidung getragen werden.

**Fleischerschürze und Gummistiefel** gewährleisten einen guten Schutz gegen Heißwasserspritzer und den damit verbundenen Verbrühungen.

**Arbeitsschuhe mit Stahlkappe und rutschfester Sohle** vermindern das Verletzungsrisiko bei herunterfallenden Werkzeugen und anderen schweren oder spitzen Gegenständen. Außerdem bieten sie optimalen Halt auf rutschigen Böden.

**Stechschutzschürzen aus Metallringgeflecht** sollten während allen Zerlege-, Auslöse- und Ausbeinarbeiten getragen werden, um schwere Schnitt- und Stichverletzungen zu vermeiden.

Zusätzlich ist bei diesen Arbeiten das Tragen von **Stechschutzhandschuhen mit Unterarmstulpen** aus Metallringgeflecht empfehlenswert, um die Material haltende Hand vor Schnitten und Stichen zu schützen.

# WERKZEUGE

## Messer

Beim Hausschlachten sind Messer die wichtigsten und unentbehrlichsten Werkzeuge, da das gesamte Ausgangsmaterial vor seiner Weiterverarbeitung erst einmal zerkleinert bzw. zugeschnitten werden muss.
Um dabei Verletzungen zu vermeiden, müssen Messer immer scharf, handlich und von guter Qualität sein.

Je nach anstehendem Arbeitsgang werden hierfür verschiedene Messerarten benötigt:

Mit dem **Ausbeinmesser** werden die einzelnen Knochen vom Fleisch gelöst. Seine Klinge ist 10cm - 16cm lang und etwas hoch gebogen.

Das **Blockmesser / Schlachtermesser** mit seiner 20cm - 25cm langen, ziemlich breiten Klinge wird zum Zuschneiden von größeren Fleischstücken, zum Schneiden von Fleischscheiben und zum Abschwarten benutzt

Zum Enthäuten des geschlachteten Tieres wird das **Hautmesser** verwendet. Es hat eine 16cm - 21cm lange, sehr dünne sowie spitz zulaufende Klinge.

Das **Stechmesser** hat eine gerade Klinge von 16cm - 18cm mit ausgeprägter Spitze. Hiermit wird das zu schlachtende Tier zum Zwecke des Blutentzugs „gestochen".

## Stahl / Wetzstahl

Zum regelmäßigen Schärfen der Messer wird ein Stahl, auch „Wetzstahl" genannt, benötigt. Beim Schärfen ist auf die richtige Messerhaltung zu achten.
Die Schneide des Messers muss dabei flach auf den Stahl aufgesetzt und dann 4 bis 5 Mal in langen Strichen, vom Körper weg, herunter gezogen werden.

## Fleischerbeil

Mit dem Fleischerbeil zerteilt man Fleisch oder Fleisch mit Knochen.

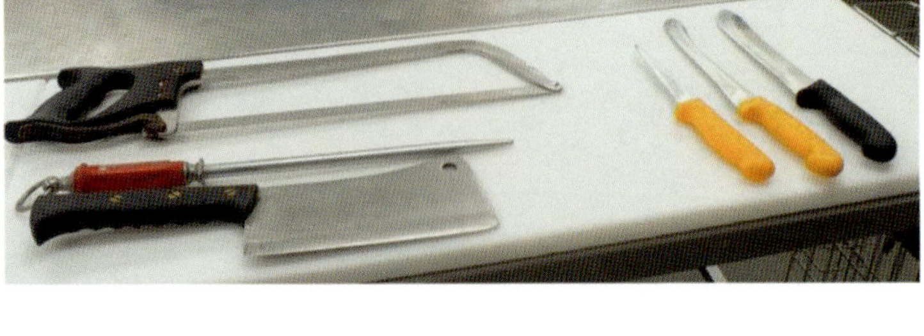

### Spalter

Der Spalter wird zum Halbieren der geschlachteten Tiere verwendet und muss wegen des dabei sehr großen Kraftaufwandes mit beiden Händen geführt werden.

### Hackblock / Hackklotz

Der Hackblock, früher „Hackklotz“ genannt, ist eine auf einem Metallgestell aufliegende Arbeitsfläche, auf der Fleisch oder Fleisch mit Knochen zerhackt wird. Bei der Hausschlachtung besteht die Arbeitsfläche meist aus Hartholz, bei der gewerblichen Schlachtung ist aus hygienerechtlichen Gründen nur noch der Gebrauch von Kunststoff erlaubt.

### Blockbürste

Mit der Blockbürste reinigt man die hölzerne Arbeitsfläche des Hackblocks, in dem die aus gehärtetem Stahl bestehenden Bürsten mit gleichmäßigem Druck über die Fläche gerieben werden.

### Handknochensäge

Die Handknochensäge wird, wie der Name schon sagt, zum Durchsägen von Knochen benötigt.
Um auch hierbei Verletzungen vorzubeugen ist unbedingt darauf zu achten, dass das Sägeblatt scharf ist. Stumpfe Sägeblätter müssen unverzüglich geschärft oder erneuert werden.

### Schabeglocke / Kratzglocke

Mit der aus Edelstahl bestehenden Schabeglocke / Kratzglocke, deren unterer Rand angeschärft ist, werden die Schweineborsten nach dem Abbrühen entfernt.

## MASCHINEN

### Bolzenschussapparat

Mit Hilfe des Bolzenschussapparates betäubt man das Tier vor dem Schlachten. Hierfür wird durch den Gasdruck einer Platzpatrone der Bolzen des Gerätes gezielt in das Gehirn des Tieres geschossen.

### Wurstfüllmaschine

Mit der Wurstfüllmaschine füllt man Wurstmasse in Därme oder Konserven. Dazu wird die Masse in den mit einem Deckel verschließbaren Zylinder der Maschine gefüllt und dann über einen beweglichen Kolben durch die Auslauftülle in den Darm oder die Konserve gedrückt.
Bei der Hausschlachtung kommen meist manuell per Handkurbel betriebene Wurstfüllmaschinen zum Einsatz.

## Fleischwolf

Der Fleischwolf zerkleinert das Material für die unterschiedlichen Wurstsorten. Hierfür wird es über den mit einem Einlauf versehenen Teller der so genannten Schnecke zugeführt, die es durch ihre rotierende Bewegung gegen die Messer und Scheiben befördert.
Der Schneidesatz eines Fleischwolfes besteht in der Regel aus dem Vorschneider, dem Messer, einer groben Scheibe, einem zweiten Messer und einer feinen Scheibe.
Fleischwölfe gibt es, je nach Einsatzgebiet, in den verschiedensten Größen.
Bei der Hausschlachtung werden sowohl manuell per Handkurbel betriebene, als auch kleinere, elektrisch Fleischwölfe benutzt.

Wurstfüllmaschine mit Kurbel

kleiner, elektrischer Fleischwolf

gewerblicher Fleischwolf

Fleischwolf für die Hausschlachtung

## Kutter

Im Kutter wird das Fleisch für die Wurstherstellung stärker zerkleinert als im Fleischwolf und gleichzeitig vermischt.
Er besteht aus einer sich waagerecht drehenden Schüssel, in der mehrere Messer mit sehr hoher Geschwindigkeit senkrecht rotieren.
Bei der Hausschlachtung kommen Kutter eher selten zum Einsatz, da sie hauptsächlich für die Brühwurstherstellung benötigt werden.
Allerdings sind im Handel mittlerweile auch kleinere Tischkutter erhältlich.

grob zerkleinertes Material

fein gekuttertes Brät

## Mengmaschine / Menger

Mengmaschinen werden dann benötigt, wenn größere Mengen unterschiedlichen Fleischmaterials oder Fleischmaterial mit Gewürzen vermischt werden sollen, z.B. Hackfleisch- oder Bratwurstmasse.
Hierfür wird das Material in den sich waagerecht drehenden Bottich gefüllt und vom fest eingebauten Mischarm vermengt.

# ARBEITSZUBEHÖR

## Eimer
Eimer in unterschiedlichen Größen werden zum Auffangen von Blut, zum Abschöpfen von Wurstbrühe oder als Behältnisse für Schlachtabfälle benötigt. Aus hygienischen Gründen sollten sie ausschließlich aus Kunststoff bestehen.

## Schüsseln und Wannen
In Schüsseln und Wannen wird Wurstmasse oder Hackfleisch gewürzt und gemengt.
Weiterhin dienen sie zur kurzfristigen Lagerung von Fleisch und Knochen während des Hausschlachtens.
Auch sie sollten möglichst aus Kunststoff bestehen.

## Pökelgefäße
Pökelgefäße sind Behälter aus Kunststoff, in denen Lake angerührt und das Fleisch, je nach Verwendung, unterschiedlich lange gepökelt wird.

## Lakemesser
Der Lakemesser ist ein Gerät zum Messen des Salzgehaltes der Pökellake und schwimmt, je nach Konzentration der Lake, höher oder tiefer im Wasser. Anhand einer Skala kann die Stärke der Lake abgelesen und je nach Bedarf noch Wasser oder Salz zugegeben werden.

## Pökelspritze / Lakespritze
Mit der Pökelspritze wird die Lake an mehreren Punkten direkt in das Fleisch gespritzt und dadurch der Pökelvorgang stark beschleunigt.
Beim Hausschlachten wird meist eine einfache Handpökelspritze benutzt.

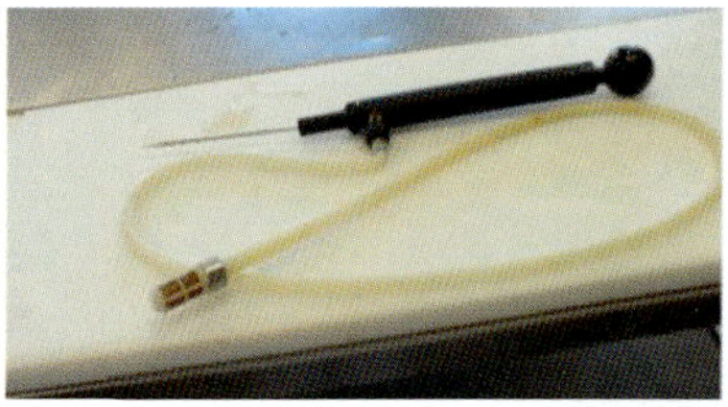

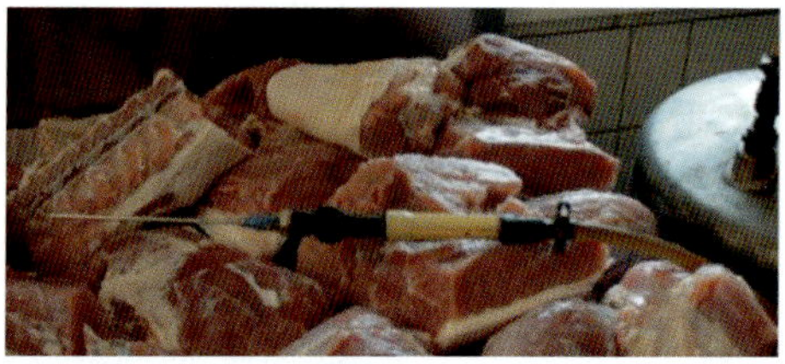

## Schneidebretter
Die als Unterlage zum Schneiden dienenden Schneidebretter gibt es in unterschiedlichen Größen.
Um das Reinigen und Desinfizieren nach der Arbeit zu erleichtern, sollten sie möglichst aus Kunststoff bestehen.

### Wursttrichter
Wursttrichter, auch „Handtrichter" genannt, werden zum manuellen Einfüllen von Kochwurstmasse in Därme und Schraubgläser benutzt.
Sie bestehen aus Edelstahl und haben, je nach Verwendungszweck,unterschiedliche Trichterdurchmesser.

### Sieb / Seiher
Siebe und Seiher sind in unterschiedlichen Größen sowie mit unterschiedlichen Lochdurchmessern erhältlich.
Beim Hausschlachten benötigt man sie z.B. zum Abseihen des Blutes und zum Trennen fester Fleischbestandteile von der Brühe.

Schöpfkelle, Siebe, Messbecher

Kochkessel

### Fleischwaage
Mit der Fleischwaage wird das benötigte Ausgangsmaterial für die Herstellung der einzelnen Wurstsorten abgewogen.

### Gewürzwaage
Gewürzwaagen kommen beim Abwiegen der jeweils benötigten Gewürzmengen zum Einsatz.
Küchenwaagen sind hierfür eher ungeeignet, da sie in der Regel nur Anzeigen in Abständen von 100g besitzen und deshalb sehr ungenau sind.
Besser ist die Verwendung einer Briefwaage auf die man ein vorher gewogenes Plastikgefäß stellt und dann die Gewürze dort hinein füllt.

### Gewürzschaufel
Mit den in unterschiedlichen Größen erhältlichen und aus Plastik bestehenden Gewürzschaufeln werden Gewürze aus dem Vorratsbehälter entnommen.

### Kochkessel
Der Kochkessel ist ein mit Holz, Kohle, Gas oder Strom befeuerter Behälter zum Erhitzen von Wasser, in dem Wurst gebrüht oder Fleisch gegart wird.

### Fleischgabel / Kesselgabel

Eine Fleischgabel / Kesselgabel mit langem Griff ermöglicht das Herausnehmen von Fleisch aus dem Kessel, ohne sich dabei die Hände zu verbrühen.

### Schöpfkelle

Schöpfkellen sind in unterschiedlichen Größen erhältlich.
Mit ihnen wird Kochwurstmasse in Wursttrichter und Wurstfüllmaschinen gefüllt oder Wurstbrühe und Blut abgeschöpft.

### Messbecher

Messbecher benötigt man zum Abfüllen von genau vorgegebenen Flüssigkeitsmengen.

### Fleischthermometer

Mit dem Fleischthermometer wird die Wassertemperatur während des Garens von Wurst kontrolliert und die Kerntemperatur der Wurst gemessen.
Dadurch wird sichergestellt, dass die hergestellte Wurst qualitativ hochwertig und fehlerfrei ist.

### Schinkenkocher

Der gusseiserne Schinkenkocher hat eine rechteckige Form und ist mit einem durch Federn und Schrauben höhenverstellbaren Deckel ausgestattet.
Dadurch kann der Schinken während des Kochens mit unterschiedlichem Druck in die gewünschte Form gepresst werden.

### Leberkäseform

In dieser oben nicht verschlossenen, gusseisernen Form wird Leberkäse gebacken.
Beim Hausschlachten kann aber auch eine herkömmliche, rechteckige Kuchenform verwendet werden.

### Pastetenform

Diese gusseiserne, mit einem Deckel verschließbare Form, wird zum Garen von Pasteten benötigt.

### Fleischerhaken

Die in unterschiedlichen Größen erhältlichen und aus Edelstahl bestehenden S-förmigen Fleischerhaken dienen zum Aufhängen von Fleisch, Schinken und Wurstwaren.

### Fleischerband

Mit Fleischerband werden Würste abgebunden und Schlaufen zum Aufhängen, Lagern und Räuchern geformt.

## DÄRME UND SONSTIGE WURSTHÜLLEN

Därme werden in Natur- und Kunstdärme unterteilt. Sie dienen als äußere Hüllen zur Stabilisierung und Formgebung der Wurstmasse.

### Naturdärme

Naturdärme stammen ausschließlich von Nutztieren und können getrocknet, geräuchert und gegessen werden.
Durch ihren natürlichen Ursprung lassen sie die Wurst „atmen“ und fördern dadurch die Entfaltung des typischen Wurstaromas.

Um Naturdärme als Wursthüllen verwenden zu können, müssen sie sofort nach dem Schlachten:

- vom Kot gereinigt
- vom äußeren Fett befreit
- in warmem Wasser gewendet
- **entschleimt und dann bis zur Weiterverarbeitung**
- **in warmes Wasser gelegt werden**

Vor dem Füllen ist es notwendig das Restwasser gründlich heraus zu streifen. Dabei ist äußerst sorgfältig vorzugehen, damit die Därme nicht reißen oder brüchig werden. Am besten überlässt man diese Aufgabe erfahrenen und damit vertrauten Personen.
Da die während des Hausschlachtens anfallenden Därme eines Tieres oftmals nicht als Wursthüllen ausreichen, können zuvor trocken gesalzene oder in Lake konservierte Därme zugekauft werden.

### Kunstdärme

Diese Därme bestehen aus Kunststoff oder Naturfasern, die speziell für die Herstellung der verschiedenen Wurstarten produziert werden.
Aus Kunststoff hergestellte Därme sind meist beschichtet, Därme aus Naturfasern können getrocknet und geräuchert werden.
Kunstdärme sind im Gegensatz zu Naturdärmen reißfest, haben immer denselben Darmdurchmesser (Kaliber) und sind einfacher zu lagern.

### Sonstige Wursthüllen

Damit werden alle restlichen, bei der Schlachtung anfallenden Hüllen bezeichnet, die ebenfalls für die Wurst- und Schinkenproduktion verwendet werden. Hierunter fallen zum Beispiel Schweine- und Rinderbutten, Schweinemägen und Schweineblasen.

**Verwendung der Därme und Wursthüllen**

|  |  |
| --- | --- |
| **Schweinssaitling / Schweinedünndarm** | • **Bockwurst**<br>• **Bratwurst**<br>• **Knacker** |
| **Schweinebutte**<br>(Blinddarm vom Schwein) | • **Preßwurst**<br>• **Sülzwurst**<br>• **Rotwurst**<br>• **Zungenwurst** |
| **Schweinskrausedarm / Krauser Darm**<br>(Teil vom Schweinedickdarm) | • **Blutwurst**<br>• **Leberwurst** |
| **Schweinefettende**<br>(Enddarm / Mastdarm) | • **Leberwurst**<br>• **Schlackwurst**<br>• **Cervelatwurst** |
| **Schweineschlacke und Nachende**<br>(Teile vom Schweinefettende) | • **Schlackwurst**<br>• **Cervelatwurst** |
| **Schweineblase und Schweinemagen** | • **Preßwurst**<br>• **Zungenwurst**<br>• **Bierwurst** |

## Verwendung der Därme und Wursthüllen

|  |  |
|---|---|
| **Rinderbutte**<br>(Blinddarm vom Rind) | • **Zungenwurst**<br>• **Schwartenmagen**<br>• **Preßkopf**<br>• **Mortadella** |
| **Rinderfettende**<br>(Enddarm / Mastdarm) | • **Leberwurst**<br>• **Schlackwurst**<br>• **Cervelatwurst** |
| **Rinderkranzdarm**<br>(Dünndarm vom Rind) | • **Blutwurst**<br>• **Leberwurst**<br>• **Schinkenwurst**<br>• **Bratwurst** |
| **Rindermitteldarm**<br>(Dickdarm vom Rind)) | • **Salami**<br>• **Plockwurst**<br>• **Leberwurst** |

|  |  |
|---|---|
| **Schafssaitling**<br>(Dünndarm vom Schaf) | • **Wiener Würstchen**<br>• **Bratwürstchen** |
| **Hammelbutte**<br>(Blinddarm vom Hammel) | • **Salami**<br>• **Mortadella**<br>• **Jagdwurst** |

# GEWÜRZE UND ZUSATZSTOFFE

## Gewürze allgemein

Gewürze sind frische oder getrocknete Pflanzenteile, durch deren Zugabe Wurst- und Pökelwaren ihren arttypischen Geschmack und Geruch erhalten. Sie wirken durch die in ihnen enthaltenen ätherischen Öle oder scharf schmeckenden Bitterstoffe.

In der richtigen Dosierung erhöhen Gewürze auch die Haltbarkeit von Wurst, beeinflussen deren Farbe, regen den Appetit an und tragen zu einer besseren Verdauung bei.

Die meisten Gewürze werden der Wurstmasse in gemahlener Form beigemengt. Durch die Verwendung von ganzen, gerebelten oder grob geschroteten Gewürzen soll außerdem das Aussehen des fertigen Produktes verbessert werden.

## Verwendung von Gewürzen

Damit Gewürze ihr volles Aroma entfalten können, sollte man sie möglichst im Ganzen kaufen und erst kurz vor dem Gebrauch mahlen.

Um der Bildung von Keimen vorzubeugen, sollten sie nur mit Gewürzschaufeln und niemals direkt per Hand entnommen werden.

Zur Erhaltung des Aromas ist darauf zu achten, die Gewürzbehälter sofort nach der Gewürzentnahme wieder zu verschließen.

Wurst, die später im warmen oder heißen Zustand verzehrt wird, ist bei der Herstellung unbedingt milder zu würzen.

## Lagerung

Es wird empfohlen Gewürze folgendermaßen aufzubewahren:

- in dicht schließenden Behältern wie Dosen und Gläsern
- an einem kühlen und trockenen Ort
- dunkel und vor direktem Sonnenlicht geschützt

## Gewürze für die Wurst- und Schinkenherstellung

**Cayennepfeffer** hat einen sehr scharfen Geschmack und wird für die Herstellung einiger Rohwurstsorten verwendet.

Der Geschmack von **Ingwer** ist brennend scharf. Verwendet wird er für die Herstellung einiger Koch- und Brühwurstsorten

**Kardamom** schmeckt sehr würzig und etwas süßlich brennend. Verwendet wird er für die Herstellung einiger Leber- und Cervelatwurstsorten.

**Knoblauch** wird für die Herstellung einiger Brühwurstsorten, Knoblauchwürste und Salamis verwendet. Je nach Herkunft ist sein Geschmack unterschiedlich scharf.

**Koriander** schmeckt angenehm würzig, leicht scharf und süßlich. Verwendet wird er für die Herstellung verschiedener Rohwurst- und Schinkensorten.

**Kümmel** hat einen herbaromatischen Geschmack und wird für die Herstellung einiger Roh-, Brüh- und Sülzwurstsorten verwendet.

## Gewürze für die Wurst- und Schinkenherstellung

**Lorbeerblätter** schmecken herbwürzig und leicht bitter. In getrocknetem Zustand werden sie der Lake für die Schinkenherstellung beigefügt.

**Macis (Muskatblüte)** hat einen zartbitteren, feinwürzigen Geschmack und wird für die Herstellung verschiedener Brühwurst- und Kochwurstsorten verwendet.

Der Geschmack von **Majoran** ist aromatisch süßlich und leicht brennend. Verwendet wird er für die Herstellung verschiedener Leber- und Blutwurstsorten.

**Muskatnüsse** haben einen leicht bitteren und streng aromatischen Geschmack. Verwendet werden sie für die Herstellung verschiedener Koch-, Brühwurst- und Schinkensorten.

**Nelken** haben einen brennenden, stark würzigen Geschmack und werden für die Herstellung verschiedener Leber- und Blutwurstsorten verwendet.

## Gewürze für die Wurst- und Schinkenherstellung

Der Geschmack von **Paprika** variiert von leicht scharf und mild würzig (edelsüß) bis scharf würzig (rosenscharf). Verwendet wird er für die Herstellung einiger Brühwurst-, Rohwurst- und Schinkensorten.

Schwarzer **Pfeffer** hat einen aromatisch scharfen und weißer Pfeffer einen sehr scharfen Geschmack. Verwendet werden beide Gewürze für die Herstellung sämtlicher Wurstarten und einiger Schinkensorten.

**Piment** hat einen brennenden, sehr würzigen Geschmack und wird für die Herstellung verschiedener Sülzwurst- Blutwurst- und Leberwurstsorten verwendet.

**Senfkörner** schmecken aromatisch scharf. Sie werden für die Herstellung verschiedener Rohwürste, Sülzen und Schinkensorten verwendet.

**Schnittlauch** hat einen scharfwürzigen Geschmack und wird für die Herstellung einiger Kochwurstsorten verwendet.

## Gewürze für die Wurst- und Schinkenherstellung

**Sellerie** schmeckt süßlich-scharf und wird für die Herstellung einiger Roh- und Brühwürste verwendet.

Der Geschmack von **Thymian** ist etwas bitter und leicht brennend. Verwendet wird er für die Herstellung verschiedener Blutwurst- und Leberwurstsorten.

**Wacholderbeeren** haben einen süßen, würzigen Geschmack und werden der Lake für die Schinkenherstellung beigefügt.

**Zimt** hat einen würzig-süßlichen Geschmack. Er wird für die Herstellung verschiedener Leber- und Blutwurstsorten verwendet.

**Zwiebeln** schmecken, je nach Herkunft, mild oder scharf würzig. Verwendet werden sie für die Herstellung fast aller Wurstsorten.

## Zusatzstoffe

Zusatzstoffe tragen bei der Herstellung von Wurst- und Pökelwaren dazu bei, deren Geschmack, Geruch, Aussehen, Farbe und Konsistenz zu verbessern.

Außerdem können sie den Herstellungsprozesses beschleunigen und die fertigen Produkte länger haltbar machen.

In welchen Höchstmengen Zusatzstoffe, die keine Lebensmittel sind, bei der **gewerblichen** Wurst- und Schinkenherstellung verwendet werden dürfen, regelt die Zusatzstoff - Zulassungsverordnung.

## Zusatzstoffe bei der gewerblichen Wurst- und Schinkenherstellung

| | |
|---|---|
| **Emulgatoren** | • **sind Hilfsstoffe zum Vermengen von zwei nicht miteinander mischbarer Flüssigkeiten z. B. Wasser und Öl** |
| **Farbstoffe** | • **zur Färbung oder Verstärkung der Farbe des fertigen Produktes** |
| **„GdL“ (Gluconsäure-delta-lacton)** | • **Säureregulator / Säuerungsmittel für die Umrötung von Wurst und Schinken** |
| **Geschmacksverstärker** | • **zur Verstärkung des Geschmacks und Geruchs des fertigen Produktes** |
| **Konservierungsstoffe** | • **zur Verlängerung der Haltbarkeit von Wurst und Schinken** |
| **Kutterhilfsmittel** | • **zur Erhöhung der Fettemulgierung und des Wasserbindevermögens des Wurstbräts** |
| **Reifemittel** | • **zur Beschleunigung der Schnellreifung von Rohwurst** |

Die **Hausschlachtung** ist bei der Verwendung von Zusatzstoffen von gesetzlichen Regelungen ausgenommen. Dennoch sollte man auch bei der privaten Wurst- und Schinkenherstellung nur die wirklich erforderlichen Mengen von Zusatzstoffen zugeben.

## Verwendung von Zusatzstoffen bei der Hausschlachtung

| | |
|---|---|
| **Kochsalz** | • **als Würzstoff und zur Konservierung von Wurst und Schinken** |
| **Salpeter** | • **in Verbindung mit Kochsalz zur Umrötung von Wurst und Schinken** |
| **Nitritpökelsalz** | • **fertiges Gemisch aus Natriumnitrit und Kochsalz**<br>• **zur Umrötung und Konservierung von Wurst und Schinken** |
| **Traubenzucker / Zucker** | • **zur Geschmacks- und Aromaverbesserung der Wurst** |
| **Rauch** | • **zur Konservierung und Aromaverbesserung von Wurst und Schinken** |

## TEILSTÜCKE DES SCHWEINS

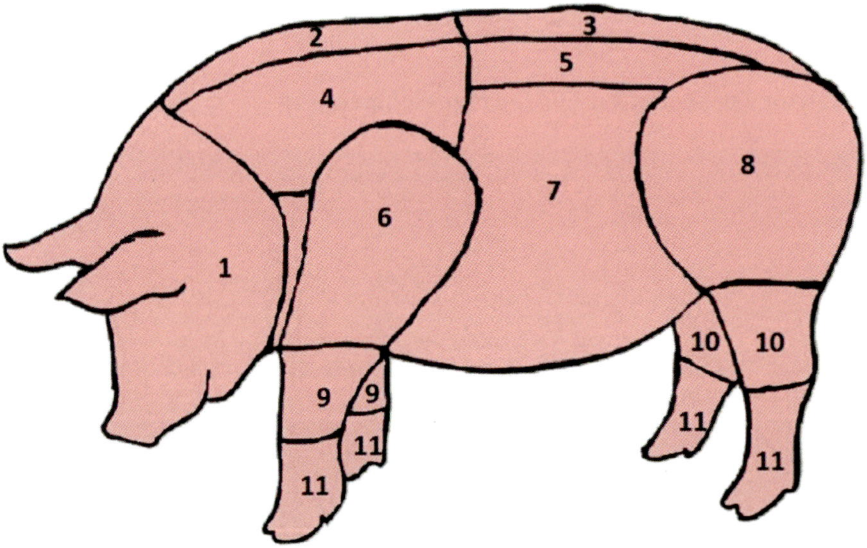


1. Kopf mit Backen
2. Nackenspeck
3. Rückenspeck
4. Nacken / Kamm
5. Kotelett mit Filet
6. Schulter
7. Bauch
8. Keule / Schinken
9. Vordereisbein
10. Hintereisbein
11. Pfoten / Spitzbeine

## VERWENDUNG DER TEILSTÜCKE

| | |
| --- | --- |
| **Schweinekopf** | • Leberwurst<br>• Blutwurst<br>• Sülze / Sülzwurst |
| **Backen** | • Leberwurst<br>• Blutwurst<br>• Sülzwurst<br>• Brühwurst |
| **Nackenspeck** | • Leberwurst<br>• schnittfeste Rohwurst<br>• Brühwurst |
| **Rückenspeck** | • Blutwurst<br>• Sülzwurst<br>• schnittfeste Rohwurst<br>• Brühwurst<br>• geräucherter Speck |
| **Nacken / Kamm** | • Leberwurst<br>• Sülzwurst<br>• streichfähige Rohwurst<br>• Brühwurst<br>• geräucherter Kamm |
| **Schulter** | • Leberwurst<br>• Rot- und Blutwurst<br>• Sülzwurst<br>• Rohwurst<br>• Brühwurst |

## VERWENDUNG DER TEILSTÜCKE

| | |
|---|---|
| **Bauch** | • **Leberwurst**<br>• **Blutwurst**<br>• **Sülze / Sülzwurst**<br>• **Rohwurst**<br>• **Brühwurst** |
| **Keule / Schinken**<br>- Oberschale, Unterschale, Hüfte und Nuss | • **Rohwurst**<br>• **Brühwurst**<br>• **Schinken**<br>• **Nussschinken**<br>• **Schinkenspeck** |
| **Vorder- und Hintereisbein** | • **Sülze**<br>• **Sülzwurst** |
| **Pfoten** | • **Sülze**<br>• **Sülzwurst** |
| **Innereien** | • **Leberwurst**<br>• **Blutwurst**<br>• **Sülzwurst** |

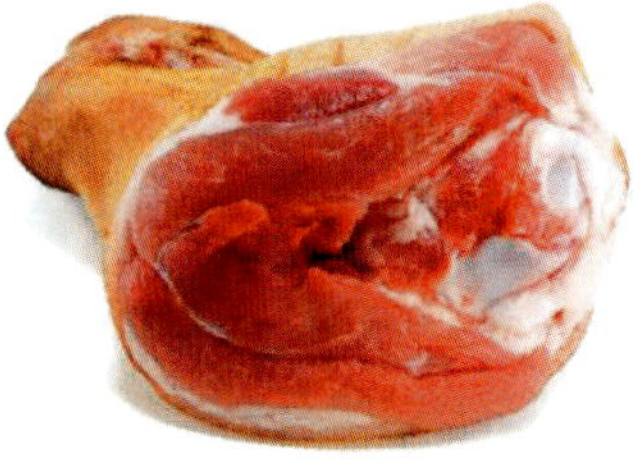

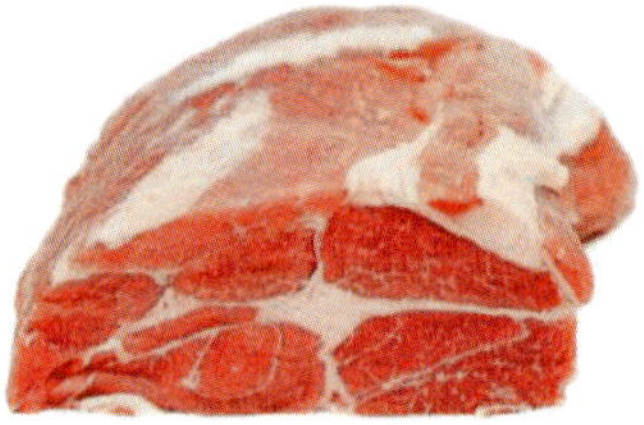

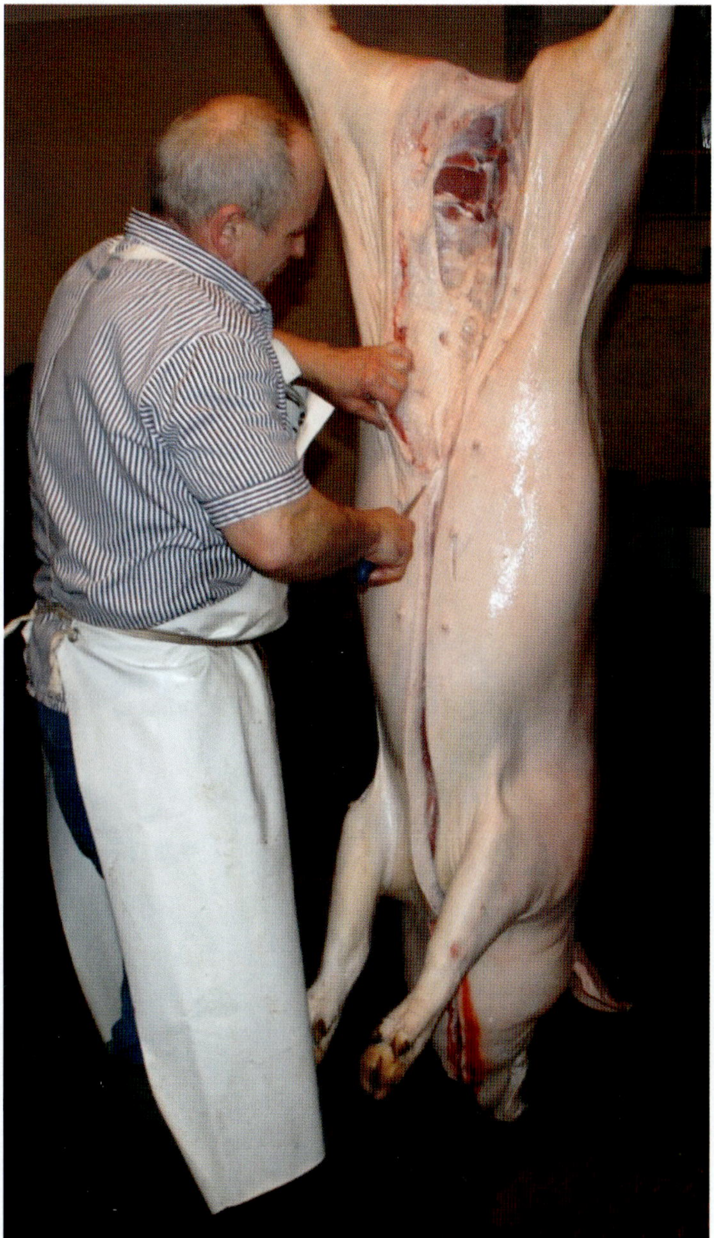

## KOCHWURST, ROHWURST, BRÜHWURST

Je nach Herstellungsweise unterscheidet man Kochwürste, Brühwürste und Rohwürste.

Bei der Wurstherstellung ist unbedingt darauf zu achten, dass nur frisches, hygienisch einwandfreies Fleisch und Fett verarbeitet wird.
Auch „nur" leicht schmieriges Material ist umgehend zu entsorgen.

Um ein Säuern oder sonstige Wurstfehler zu vermeiden, müssen die Würste sofort nach dem Abfüllen wie beschrieben weiter verarbeitet werden.

## KOCHWURSTARTEN

Als Kochwürste bezeichnet man streichfähige und schnittfeste Würste, die vorwiegend aus gekochtem, gegartem oder gebrühtem Ausgangsmaterial hergestellt werden. Nur Leber und Blut werden meist in roher Form zugegeben.

Zu den Kochwurstarten gehören:

- Leberwürste
- Blutwürste und
- Sülzen

# LEBERWÜRSTE

## Leberwurstherstellung allgemein

Ihren charakteristischen Geschmack erhält die Leberwurst durch die Zugabe von Leber. Allerdings sollte nur die Leber vom Schwein verwendet werden, da Rinderleber wegen ihres herben Geschmacks und zu dunkler Farbe ungeeignet ist.

Um eine geschmacklich gute Wurst zu erhalten, sollte der Leberanteil nicht mehr als 30% und nicht weniger als 10% der Gesamtmasse betragen.

Die in der DDR produzierten Leberwurstsorten enthielten als Innereien neben der Leber oftmals noch Nieren, Milzen und Herzen.
In vielen Regionen wurden auch Schweinelungen, Pansen (Rindermagen), Kalbsgekröse (Magen und Därme vom Kalb) und Schweinemicker (Darmfett) verarbeitet.

Damals wurden „einfache“ Leberwurstsorten und Sorten „1.Art“ hergestellt, die sich gütetechnisch durch den Anteil an Magerfleisch unterschieden.

## Vorbehandlung der Leber

Damit die fertige Wurst keinen unangenehmen Geschmack bekommt, muss die Leber vor ihrer Verwendung gründlich von den gelblichen Gallengängen befreit werden.

Zur Herstellung von Leberwurst wird sie entweder roh oder gebrüht verwendet.
Bei beiden Verwendungsarten schneidet man die Leber vorher in 1cm dicke Scheiben und legt sie dann zum Abwässern des Blutes 20 - 30 Minuten in kaltes Wasser. Dabei ist darauf zu achten, dass das Wasser mindestens einmal gewechselt wird.

Gebrüht wird die Leber nur dann, wenn die fertige Wurst eine ganz helle Farbe haben soll.
Dafür gibt man die Leberscheiben nach dem Wässern in ein Sieb, übergießt sie ganz kurz mit kochendem Wasser und kühlt sie dann mit kaltem Wasser ab.

## Vorbereitung von Fleisch und Fett

Zur Herstellung einer qualitativ hochwertigen Leberwurst sollte am besten schlachtwarmes Fleisch und Fett verwendet werden.

Als Fettmaterial eignet sich vor allem weiches und schmalziges Fett vom Schwein, wie Nacken- und Schulterspeck, fetter Schweinebauch und Schweinewammen.

Soll die fertige Leberwurst ein rosarotes Aussehen haben, muss das Magerfleisch vor der Verwendung durch die Zugabe von Salz und Salpeter oder Nitritpökelsalz gepökelt werden.

Vor seiner Weiterverarbeitung muss das Magerfleisch und Fettmaterial gut vorgegart sein. Hierfür gibt man es erst 5 Minuten in kochendes Wasser und lässt es dann solange in ca. 90°C heißem Wasser ziehen, bis eine Kerntemperatur von 65°C erreicht ist.

Die zur Herstellung mancher Leberwurstsorten benötigten Schwarten werden bei einer Kesseltemperatur von ca. 90°C halbgar gekocht und **müssen** dann unbedingt noch warm weiter verarbeitet werden. Sollten sie zu sehr abgekühlt und dadurch wieder fest sein, wird die Qualität der fertigen Leberwurst erheblich gemindert.

## Zugabe von Zwiebeln

Zwiebeln sollten der Leberwurstmasse nie in rohem Zustand zugegeben werden, da sie sonst das Säuern der fertigen Wurst begünstigen.
Vor ihrer Verwendung muss man sie unbedingt schmoren!

## Wolfen und Abfüllen

Je nach Rezept werden die Leber und das vorgegarte restliche Material ein- oder mehrmals durch den Wolf gelassen.

Anschließend vermengt man die gesamte Masse unter Zugabe der Gewürze solange, bis sie die gewünschte Konsistenz hat.

Gefüllt wird die Leberwurstmasse in Schweinskrausedärme, Schweine- und Rinderfettenden, Rindermittel- und Kranzdärme, Hammelbutten oder Kunstdärme.

Das Füllen darf aber nicht zu fest geschehen, da sich Naturdärme während des Kochens stark zusammen ziehen. Zu prall gefüllte Würste können dann leicht platzen!

## Kochen, Kühlen und Räuchern

Nach dem Abfüllen müssen die Leberwürste sofort in das kochende Wasser des Kessels gegeben werden. Dadurch schließen sich die Darmporen und kein wertvoller Wurstsaft gelangt in die Kesselbrühe.

Nach 10 Minuten senkt man die Kesseltemperatur durch Zugabe von etwas kaltem Wasser auf 80°C ab und lässt die Leberwürste unter Beibehaltung dieser Temperatur fertig garen.

Die Gardauer richtet sich dabei nach dem Durchmesser (Kaliber) der verwendeten Därme. Je Millimeter Darmdurchmesser rechnet man eine Minute Garzeit. Genauer kann der Garzeitpunkt durch die Verwendung eines Fleischthermometers festgestellt werden. Haben die Leberwürste eine Kerntemperatur von 70°C, sind sie gar.

Danach werden sie aus dem Kessel genommen, in lauwarmes Wasser gelegt und nach und nach soviel kaltes Wasser zugegeben, bis sie völlig ausgekühlt sind. Dabei sollten sie mehrfach gewendet werden, damit sich das Fett gleichmäßig verteilt und die Würste eine schöne pralle Form erhalten.

Anschließend werden sie auf eine saubere Unterlage gelegt, zum Trocknen in einen kühlen, luftigen Raum gestellt und dann 4 - 8 Stunden kalt geräuchert.

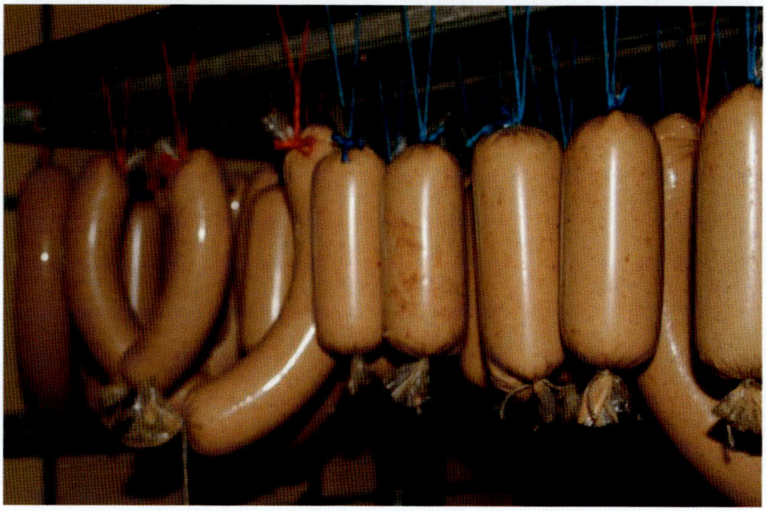

## LEBERWURSTHERSTELLUNG

Vorgegartes Material

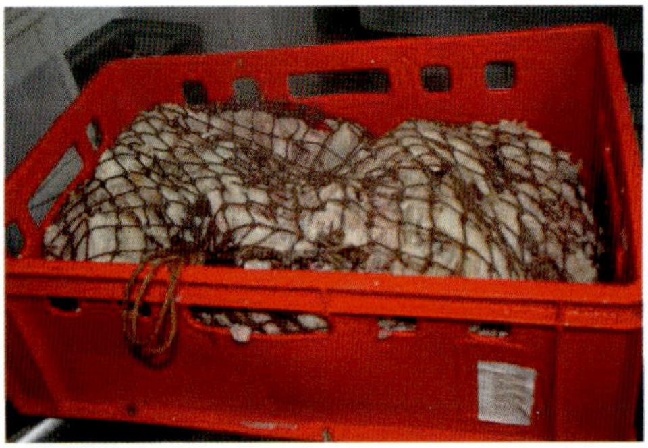

Wolfen des Materials

Zugabe von Gewürzen und Zutaten

Alles gut vermengen

Fertige Leberwurstmasse

Leberwurstmasse im Wurstfüller

## LEBERWURSTHERSTELLUNG

**Füllen der Masse in Kranzdärme**

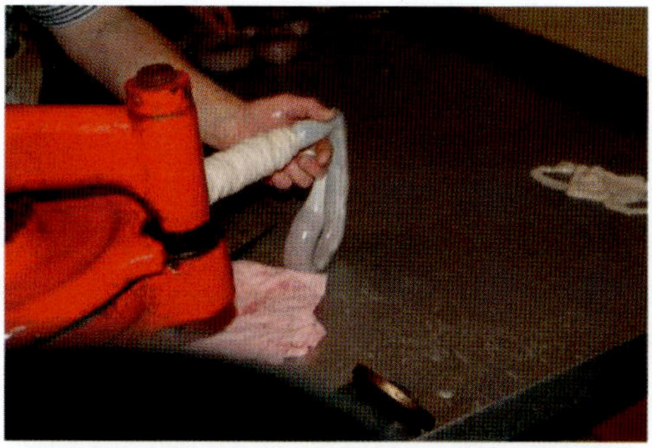

**Einzelne Ringe abdrehen**

**Die abgedrehten Ringe**

**Kochen der Leberwürste**

**Räuchern**

**Die fertigen Leberwürste**

## 1. Gutsleberwurst

**Material für 5 kg Masse:**

| | | |
|---|---|---|
| 1,5 | kg | Schweineschulter, vorgegart |
| 1,5 | kg | Schweineleber, roh |
| 1,0 | kg | Schweinebauch, vorgegart |
| 0,5 | kg | Wammen, vorgegart |
| 0,5 | kg | Schweineschmalz |

**Gewürze und Zutaten je kg Masse:**

| | | |
|---|---|---|
| 23 | g | Nitritpökelsalz |
| 2,0 | g | schwarzer Pfeffer |
| 1,5 | g | Majoran |
| 1,0 | g | Zucker |
| 1,0 | g | Macis |
| 0,5 | g | Ingwer |
| 10 | g | Zwiebeln, geschmort |

**Herstellung:**
Den in Stücke geschnittenen Schweinebauch durch die 8mm - Scheibe und die ebenfalls in Stücke geschnittenen Wammen durch die 2mm - Scheibe des Wolfes lassen.
Die Leber zusammen mit den Zwiebeln durch die 2mm - Scheibe wolfen und die Schweineschulter klein würfeln.
Das Schweineschmalz und die Gewürze zugeben, die Leberwurstmasse gut vermengen, in Rinderkranzdärme abfüllen und die einzeln abgedrehten Ringe dann sofort ins kochende Wasser geben.
Nach 10 Minuten die Kesseltemperatur auf 80°C absenken und die Würste unter Beibehaltung dieser Temperatur 45 - 60 Minuten fertig garen.
Je Millimeter Darmdurchmesser rechnet man dabei eine Minute Garzeit.
Nachdem die Gutsleberwürste abgekühlt und getrocknet sind, werden sie bei einer Temperatur von 20°C kalt geräuchert.
Die Räucherdauer beträgt, je nach Geschmack, 4 - 8 Stunden.

## 2. Zungenleberwurst

**Material für 5 kg Masse:**

1,5 kg Kalbsschulter, vorgegart
1,5 kg Kalbszungen, gepökelt
1,0 kg Schweinebauch, vorgegart
1,0 kg Schweineleber, roh

**Gewürze und Zutaten je kg Masse:**

24 g Nitritpökelsalz
2,0 g weißer Pfeffer
1,0 g Macis
0,5 g Ingwer
0,2 g Nelken
10 g Zwiebeln, geschmort

**Herstellung:**
Die Kalbszungen in 80°C heißem Wasser bis zu einer Kerntemperatur von 65°C garen, von der Haut befreien und grob würfeln.
Den Schweinebauch und die Kalbsschulter in Stücke schneiden.
Das Material dann nacheinander zweimal durch die 2mm - Scheibe und die Leber zusammen mit den Zwiebeln einmal durch die 2mm - Scheibe des Wolfes lassen. Danach die Gewürze zugeben, die Leberwurstmasse gut vermengen und in Schweinskrausedärme abfüllen.
Die einzeln abgedrehten Würste dann sofort ins kochende Wasser geben.
Nach 10 Minuten die Kesseltemperatur auf 80°C absenken und die Würste unter Beibehaltung dieser Temperatur 45 - 60 Minuten fertig garen.
Je Millimeter Darmdurchmesser rechnet man dabei eine Minute Garzeit.
Nachdem die Zungenleberwürste abgekühlt und getrocknet sind, werden sie bei einer Temperatur von 20°C kalt geräuchert.
Die Räucherdauer beträgt, je nach Geschmack, 4 - 8 Stunden.

### 3. Bauernleberwurst

**Material für 5 kg Masse:**

| | | |
|---|---|---|
| 2,2 | kg | Schweineschulter, vorgegart |
| 1,5 | kg | Schweinebauch, vorgegart |
| 1,0 | kg | Schweineleber, roh |
| 0,3 | kg | Schweinekopffleisch, vorgegart |

**Gewürze und Zutaten je kg Masse:**

| | | |
|---|---|---|
| 24 | g | Salz |
| 3,0 | g | schwarzer Pfeffer |
| 0,5 | g | Piment |
| 0,5 | g | Ingwer |
| 0,4 | g | Majoran |
| 0,2 | g | Thymian |
| 0,2 | g | Nelken |
| 10 | g | Zwiebeln, geschmort |
| 2,0 | g | Maggiwürze |

**Herstellung:**
Das in Stücke geschnittene Schulter- und Bauchfleisch nacheinander durch die 5mm - Scheibe des Wolfes lassen.
Das ebenfalls in Stücke geschnittene Kopffleisch zweimal und die Leber zusammen mit den Zwiebeln einmal durch die 2mm - Scheibe wolfen.
Die Leberwurstmasse würzen, gut miteinander vermengen, in Fettenden abfüllen und die einzeln abgedrehten Würste dann sofort ins kochende Wasser geben. Nach 10 Minuten die Kesseltemperatur auf 80°C absenken und die Würste unter Beibehaltung dieser Temperatur 45 - 60 Minuten fertig garen.
Je Millimeter Darmdurchmesser rechnet man dabei eine Minute Garzeit.
Nachdem die Bauernleberwürste abgekühlt und getrocknet sind, werden sie bei einer Temperatur von 20°C kalt geräuchert.
Die Räucherdauer beträgt, je nach Geschmack, 4 - 8 Stunden.
**Hinweis:** Die in der DDR produzierte Suppenwürze ist in etwa mit der Maggi-Würze vergleichbar!

## 4. Konsumleberwurst

**Material für 5 kg Masse:**

| | | |
|---|---|---|
| 2,5 | kg | Schweinenacken, vorgegart |
| 1,3 | kg | Nackenspeck, vorgegart |
| 1,2 | kg | Schweineleber, roh |

**Gewürze und Zutaten je kg Masse:**

| | | |
|---|---|---|
| 24 | g | Nitritpökelsalz |
| 3,0 | g | schwarzer Pfeffer |
| 2,0 | g | Zucker |
| 2,0 | g | Majoran |
| 2,0 | g | Thymian |
| 0,5 | g | Ingwer |
| 0,2 | g | Kardamom |
| 15 | g | Zwiebeln, geschmort |

**Herstellung:**
Die Leber zusammen mit den Zwiebeln einmal und das in Stücke geschnittene restliche Material zweimal durch die 2mm - Scheibe des Wolfes lassen.
Die Leberwurstmasse würzen, gut miteinander vermengen, in Rinderkranzdärme abfüllen und die einzeln abgedrehten Ringe dann sofort ins kochende Wasser geben.
Nach 10 Minuten die Kesseltemperatur auf 80°C absenken und die Würste unter Beibehaltung dieser Temperatur 45 - 60 Minuten fertig garen.
Je Millimeter Darmdurchmesser rechnet man dabei eine Minute Garzeit.
Nachdem die Konsumleberwürste abgekühlt und getrocknet sind, werden sie bei einer Temperatur von 20°C kalt geräuchert.
Die Räucherdauer beträgt, je nach Geschmack, 4 - 8 Stunden.

## 5. Bollenleberwurst

**Material für 5 kg Masse:**

| | | |
|---|---|---|
| 2,5 | kg | Schweinebauch, vorgegart |
| 1,0 | kg | Schulterspeck, vorgegart |
| 0,8 | kg | Schweinebacken, vorgegart |
| 0,7 | kg | Schweineleber, roh |

**Gewürze und Zutaten je kg Masse:**

| | | |
|---|---|---|
| 22 | g | Nitritpökelsalz |
| 3,0 | g | weißer Pfeffer |
| 3,0 | g | gekörnte Fleischbrühe |
| 0,5 | g | Ingwer |
| 50 | g | Zwiebeln, geschmort |

**Herstellung:**

Die Leber zusammen mit den Zwiebeln einmal und das in Stücke geschnittene restliche Material zweimal durch die 2mm - Scheibe des Wolfes lassen.
Die Leberwurstmasse würzen, gut miteinander vermengen, in Rinderkranzdärme abfüllen und die einzeln abgedrehten Ringe dann sofort ins kochende Wasser geben.
Nach 10 Minuten die Kesseltemperatur auf 80°C absenken und die Würste unter Beibehaltung dieser Temperatur 45 - 60 Minuten fertig garen.
Je Millimeter Darmdurchmesser rechnet man dabei eine Minute Garzeit.
Nachdem die Bollenleberwürste abgekühlt und getrocknet sind, werden sie entweder frisch verzehrt oder bei einer Temperatur von 20°C 1 - 2 Stunden kalt angeräuchert.

## 6. Hausschlachteleberwurst

**Material für 5 kg Masse:**

1,6 kg Schweineschulter, vorgegart
1,4 kg Mickerfett (Darmfett), gekocht
1,0 kg Schweineleber, roh
1,0 kg Nackenspeck, vorgegart

**Gewürze und Zutaten je kg Masse:**

24 g Nitritpökelsalz
3,0 g Majoran
2,0 g schwarzer Pfeffer
0,2 g Kardamom
10 g Zwiebeln, geschmort

**Herstellung:**
Die Leber zusammen mit den Zwiebeln durch die 2mm - Scheibe und das in Stücke geschnittene restliche Material zweimal durch die 2mm - Scheibe des Wolfes lassen.
Die Leberwurstmasse würzen, gut miteinander vermengen, in Rinderkranzdärme abfüllen und die einzeln abgedrehten Würste dann sofort ins kochende Wasser geben.
Nach 10 Minuten die Kesseltemperatur auf 80°C absenken und die Würste unter Beibehaltung dieser Temperatur 45 - 60 Minuten fertig garen.
Je Millimeter Darmdurchmesser rechnet man dabei eine Minute Garzeit.
Nachdem die Hausschlachteleberwürste abgekühlt und getrocknet sind, werden sie bei einer Temperatur von 20°C kalt geräuchert.
Die Räucherdauer beträgt, je nach Geschmack, 4 - 8 Stunden.

## 7. Helle Lose Wurst

**Material für 5 kg Masse:**

| | | |
|---|---|---|
| 1,5 | kg | Schweinebauch, vorgegart |
| 1,0 | kg | Pansen, gar gekocht |
| 1,0 | kg | ältere, eingeweichte Semmeln |
| 0,6 | kg | Schweineleber, roh |
| 0,5 | kg | Speckgrieben |
| 0,4 | kg | Kesselbrühe |

**Gewürze und Zutaten je kg Masse:**

| | | |
|---|---|---|
| 22 | g | Salz |
| 2,0 | g | weißer Pfeffer |
| 1,0 | g | Zucker |
| 1,0 | g | Majoran |
| 0,5 | g | Piment |
| 0,2 | g | Nelken |

**Herstellung:**

Die Leber in Scheiben schneiden, ganz kurz mit kochendem Wasser übergießen und nach dem Abkühlen durch die 2mm - Scheibe des Wolfes lassen.
Den in Stücke geschnittenen Pansen und Schweinebauch nacheinander zweimal durch die 2mm - Scheibe wolfen.
Die eingeweichten Semmeln, Speckgrieben, Kesselbrühe und Gewürze zugeben, alles gut vermengen und die Masse in Rinderkranzdärme abfüllen.
Die einzeln abgedrehten Würste dann sofort ins kochende Wasser geben.
Nach 10 Minuten die Kesseltemperatur auf 80°C absenken und die Würste unter Beibehaltung dieser Temperatur 45 - 60 Minuten fertig garen.
Je Millimeter Darmdurchmesser rechnet man dabei eine Minute Garzeit.
Nachdem die Würste abgekühlt und getrocknet sind, können sie in erhitztem Zustand verzehrt werden.

## 8. Tomatenleberwurst

**Material für 5 kg Masse:**

| | | |
|---|---|---|
| 1,7 | kg | Schulterspeck, vorgegart |
| 1,0 | kg | Schweinenacken, vorgegart |
| 1,0 | kg | Schweineleber, roh |
| 0,8 | kg | Schweinebauch, vorgegart |
| 0,5 | kg | Tomatenpüree |

**Gewürze und Zutaten je kg Masse:**

| | | |
|---|---|---|
| 24 | g | Salz |
| 2,0 | g | weißer Pfeffer |
| 0,5 | g | Macis |
| 0,3 | g | Ingwer |
| 0,2 | g | Kardamom |

**Herstellung:**
Die Leber und das in Stücke geschnittene restliche Material nacheinander zweimal durch die 2mm - Scheibe des Wolfes lassen.
Das Tomatenpüree und die Gewürze zugeben, die Leberwurstmasse gut miteinander vermengen, in Rindermitteldärme abfüllen und die einzeln abgedrehdrehten Würste dann sofort ins kochende Wasser geben.
Nach 10 Minuten die Kesseltemperatur auf 80°C absenken und die Würste unter Beibehaltung dieser Temperatur 45 - 60 Minuten fertig garen.
Je Millimeter Darmdurchmesser rechnet man dabei eine Minute Garzeit.
Nachdem die Tomatenleberwürste abgekühlt und getrocknet sind, werden sie frisch, also ungeräuchert, verzehrt.

## 9. Delikateß - Leberwurst

**Material für 5 kg Masse:**

1,5 kg Schweinebauch, vorgegart
1,0 kg Schweineschulter, vorgegart
1,0 kg Schulterspeck, vorgegart
1,0 kg Schweineleber, roh
0,5 kg Kalbsschulter, vorgegart

**Gewürze und Zutaten je kg Masse:**

24 g Salz
3,0 g schwarzer Pfeffer
2,0 g Honig
0,5 g Macis
0,5 g Ingwer
0,2 g Kardamom
0,2 g Thymian

**Herstellung:**
Das zuvor in Stücke geschnittene Material nacheinander zweimal durch die 2mm - Scheibe des Wolfes lassen.
Die Leberwurstmasse würzen, gut miteinander vermengen, in Fettenden abfüllen und die einzeln abgedrehten Würste dann sofort ins kochende Wasser geben.
Nach 10 Minuten die Kesseltemperatur auf 80°C absenken und die Würste unter Beibehaltung dieser Temperatur 45 - 60 Minuten fertig garen.
Je Millimeter Darmdurchmesser rechnet man dabei eine Minute Garzeit.
Nachdem die Delikateß - Leberwürste abgekühlt und getrocknet sind, werden sie bei einer Temperatur von 20°C kalt geräuchert.
Die Räucherdauer beträgt, je nach Geschmack, 4 - 8 Stunden.

## 10. Kasseler Leberwurst

**Material für 5 kg Masse:**

1,5 kg Schweineschulter, vorgegart
1,0 kg Kasselerbauch, vorgegart
1,0 kg Schweineleber, roh
0,8 kg Schweinebauch, vorgegart
0,7 kg Kasselernacken, vorgegart

**Gewürze und Zutaten je kg Masse:**

22 g Nitritpökelsalz
2,0 g schwarzer Pfeffer
0,5 g Ingwer
0,5 g Thymian
0,2 g Kardamom

**Herstellung:**
Die Leber einmal durch die 2mm - Scheibe des Wolfes lassen und den Kasselernacken fein würfeln.
Den zuvor in Stücke geschnittenen Kasseler- und Schweinebauch sowie die Schweineschulter zweimal durch die 2mm - Scheibe wolfen.
Die Leberwurstmasse würzen, gut miteinander vermengen und in Schweinskrausedärme abfüllen.
Die einzeln abgedrehten Würste dann sofort ins kochende Wasser geben.
Nach 10 Minuten die Kesseltemperatur auf 80°C absenken und die Würste unter Beibehaltung dieser Temperatur 45 - 60 Minuten fertig garen.
Je Millimeter Darmdurchmesser rechnet man dabei eine Minute Garzeit.
Nachdem die Kasseler Leberwürste abgekühlt und getrocknet sind, werden sie bei einer Temperatur von 20°C kalt geräuchert.
Die Räucherdauer beträgt, je nach Geschmack, 4 - 8 Stunden.

## 11. Sardellenleberwurst

**Material für 5 kg Masse:**

| | | |
|---|---|---|
| 1,5 | kg | Schweinebauch, vorgegart |
| 1,2 | kg | Schweineschulter, vorgegart |
| 1,0 | kg | Schweineleber, roh |
| 0,6 | kg | Schweinebacken, vorgegart |
| 0,5 | kg | Nackenspeck, vorgegart |
| 0,2 | kg | Sardellen |

**Gewürze und Zutaten je kg Masse:**

| | | |
|---|---|---|
| 22 | g | Nitritpökelsalz |
| 2,0 | g | weißer Pfeffer |
| 2,0 | g | Macis |
| 1,0 | g | Zucker |
| 0,5 | g | Koriander |
| 0,5 | g | Ingwer |

**Herstellung:**
Das in Stücke geschnittene Material nacheinander durch die 2mm - Scheibe des Wolfes lassen und die vor der Verarbeitung ca. 8 Stunden gewässerten Sardellen fein hacken.
Die Leberwurstmasse würzen, gut miteinander vermengen, in weitere Kunstdärme abfüllen und die einzeln abgedrehten Würste dann sofort ins kochende Wasser geben.
Nach 10 Minuten die Kesseltemperatur auf 80°C absenken und die Würste unter Beibehaltung dieser Temperatur 45 - 60 Minuten fertig garen.
Je Millimeter Darmdurchmesser rechnet man dabei eine Minute Garzeit.
Nachdem die Sardellenleberwürste abgekühlt und getrocknet sind, können sie verzehrt werden.

## 12. Kalbsleberwurst

**Material für 5 kg Masse:**

1,0 kg Schweineschulter, vorgegart
1,0 kg Kalbsschulter, vorgegart
1,0 kg Schweinebauch, vorgegart
1,0 kg Schweineleber, roh
1,0 kg Wammen, vorgegart

**Gewürze und Zutaten je kg Masse:**

24 g Nitritpökelsalz
2,0 g Zucker
2,0 g weißer Pfeffer
0,5 g Piment
0,2 g Kardamom
10 g Zwiebeln, geschmort

**Herstellung:**
Das zuvor in Stücke geschnittene Material nacheinander zweimal durch die 2mm - Scheibe des Wolfes lassen.
Die Leberwurstmasse würzen, gut miteinander vermengen, in Kunstdärme abfüllen und die einzeln abgedrehten Würste dann sofort ins kochende Wasser geben.
Nach 10 Minuten die Kesseltemperatur auf 80°C absenken und die Würste unter Beibehaltung dieser Temperatur 45 - 60 Minuten fertig garen.
Je Millimeter Darmdurchmesser rechnet man dabei eine Minute Garzeit.
Nachdem die Kalbsleberwürste abgekühlt und getrocknet sind, können sie verzehrt werden.

## 13. Rosinenleberwurst

**Material für 5 kg Masse:**

| | | |
|---|---|---|
| 2,0 | kg | Kalbsschulter, vorgegart |
| 1,5 | kg | Nackenspeck, vorgegart |
| 1,0 | kg | Schweineleber, roh |
| 0,5 | kg | Schweinekopffleisch, vorgegart |

**Gewürze und Zutaten je kg Masse:**

| | | |
|---|---|---|
| 24 | g | Salz |
| 2,0 | g | weißer Pfeffer |
| 1,0 | g | Anis |
| 1,0 | g | Zimt |
| 20 | g | Rosinen, fein gehackt |
| 10 | g | süße Mandeln, fein gehackt |

**Herstellung:**
Die Leber und das zuvor in Stücke geschnittene restliche Material nacheinander durch die 2mm - Scheibe des Wolfes lassen.
Dann die Gewürze und Zutaten zugeben, die Masse gut miteinander vermengen, in Fettenden abfüllen und die einzeln abgedrehten Würste sofort ins kochende Wasser geben.
Nach 10 Minuten die Kesseltemperatur auf 80°C absenken und die Würste unter Beibehaltung dieser Temperatur 45 - 60 Minuten fertig garen.
Je Millimeter Darmdurchmesser rechnet man dabei eine Minute Garzeit.
Nach dem Abkühlen und Trocknen werden die Rosinenleberwürste frisch, also ungeräuchert, verzehrt.

## 14. Portionsleberwurst

**Material für 5 kg Masse:**

| | | |
|---|---|---|
| 1,0 | kg | Schwarten, vorgegart |
| 1,0 | kg | Mickerfett (Darmfett), gekocht |
| 1,0 | kg | ältere Semmeln |
| 0,7 | kg | Schweineleber, roh |
| 0,5 | kg | Rinderleber, roh |
| 0,3 | kg | Schweinebacken, vorgegart |
| 0,5 | kg | Kesselfett |

**Gewürze und Zutaten je kg Masse:**

| | | |
|---|---|---|
| 24 | g | Salz |
| 2,0 | g | schwarzer Pfeffer |
| 1,0 | g | Majoran |
| 0,2 | g | Kardamom |
| 2,0 | g | Zwiebeln, geschmort |

**Herstellung:**
Das in Stücke geschnittene Material nacheinander durch die 2mm - Scheibe des Wolfes lassen.
Die zuvor in etwas Kesselbrühe eingeweichten Semmeln, das Kesselfett und die Gewürze zugeben, die Masse gut miteinander vermengen, in Hammelbutten abfüllen und die einzeln abgedrehten Würste sofort ins kochende Wasser geben.
Nach 10 Minuten die Kesseltemperatur auf 80°C absenken und die Würste unter Beibehaltung dieser Temperatur 45 - 60 Minuten fertig garen.
Je Millimeter Darmdurchmesser rechnet man dabei eine Minute Garzeit.
Nachdem die Portionsleberwürste abgekühlt und getrocknet sind, werden sie bei einer Temperatur von 20°C kalt geräuchert.
Die Räucherdauer beträgt, je nach Geschmack, 4 - 8 Stunden.

# BLUTWÜRSTE

## Blutwurstherstellung allgemein

Die Grundlage für die Herstellung von Blutwürsten ist eine Masse aus Blut, Schwarten und Kesselbrühe.

Zur Herstellung einiger Blutwurstsorten ist die Zugabe von Grütze, Grieben oder Semmeln erforderlich.

Als Einlagen werden Magerfleisch, Speck, zerkleinerte Innereien und Schweinezungen verwendet.

Während der Hausschlachtung ist unbedingt darauf zu achten, dass das Blut und die Schwarten so frisch wie möglich verarbeitet werden, da sie sehr schnell verderben.

## Vorbehandlung des Blutes

Zur Blutwurstherstellung wird immer Schweineblut verwendet, da Rinderblut wegen seiner sehr dunklen Farbe ungeeignet ist.

Damit sich der Geschmack des Blutes nicht nachteilig verändert, sollte man es immer frisch und ungesalzen verarbeiten.

Um das Gerinnen von schlachtfrischem Blut zu verhindern, muss es ab dem Zeitpunkt der Blutentziehung bis zu seiner Weiterverwendung kontinuierlich gerührt werden.

Bei zugekauftem Blut ist darauf zu achten, dass es vor seiner Verarbeitung etwas angewärmt und dadurch dickflüssiger wird. Dies ermöglicht ein einfacheres Füllen in die entsprechenden Wursthüllen und verhindert die Entmischung der einzelnen Bestandteile.

## Vorbereitung von Magerfleisch, Schwarten und Speck

Das als Einlage für verschiedene Blutwurstsorten verwendete Magerfleisch sollte vorgepökelt werden. Dadurch verliert das Fleisch während des Garens weniger an Gewicht und das Schnittbild der fertigen Wurst ist durch die tiefrote Farbe intensiver.

Vor seiner Verarbeitung muss es gut vorgegart sein.
Dafür wird es erst 5 Minuten gekocht und dann bei einer Kesseltemperatur von ca. 90°C so lange weiter gegart, bis eine Kerntemperatur von 65°C erreicht ist.

Die zuvor gründlich entfetteten Schwarten müssen so lange bei einer Kesseltemperatur von ca. 80°C garen, bis sie sich zwischen Daumen und Zeigefinger gerade so durchdrücken lassen. Sie dürfen auf keinen Fall zu weich gekocht werden, da sie dann ihre Bindefähigkeit für die Wurst verlieren.

Der Speck wird in kleinere Würfel geschnitten und dann ganz kurz im Kochkessel abgebrüht. Alternativ kann man die Würfel auch in ein Sieb geben und so oft mit kochendem Wasser übergießen, bis das schmalzige Oberflächenfett abgespült ist.

### Verwendung von Schweinezungen und Innereien

Die zuvor gepökelten Schweinezungen werden bis zu einer Kerntemperatur von 75°C im ca. 80°C heißen Wasser des Kochkessels gegart.

Anschließend entfernt man die Schleimhäute von den noch heißen Zungen, schneidet sie dann entweder in größere Würfel oder „steckt" sie im Ganzen in die Blutwurstmasse.

Innereien verarbeitet man im rohen Zustand.

### Wolfen und Abfüllen

Die abgebrühten Schwarten werden noch warm durch den Wolf gelassen und dann sofort mit dem Magerfleisch und den Speckwürfeln vermengt.

Anschließend gibt man das Schweineblut hinzu, würzt die Wurstmasse entsprechend den Rezeptangaben und vermengt alles gut miteinander.

Gefüllt wird die Blutwurstmasse in Schweinskrausedärme, Schweinebutten und Rinderkranzdärme.

Das Füllen darf nicht zu fest geschehen, da sich Naturdärme während des Kochens stark zusammen ziehen. Zu prall gefüllte Würste können dann leicht platzen!

### Kochen, Kühlen und Räuchern

Nach dem Abfüllen müssen die Blutwürste sofort in das kochende Wasser des Kessels gegeben werden. Dadurch schließen sich die Darmporen und kein wertvoller Wurstsaft gelangt in die Kesselbrühe.

Nach 10 Minuten senkt man die Kesseltemperatur durch Zugabe von etwas kaltem Wasser auf 90°C ab und lässt die Blutwürste unter Beibehaltung dieser Temperatur fertig garen.

Die Gardauer richtet sich dabei nach dem Durchmesser (Kaliber) der verwendeten Därme. Je Millimeter Darmdurchmesser rechnet man eine Minute Garzeit.

Bei dickeren Würsten mit ungleichmäßigem Kaliber kann durch den so genannten „Nadeltest" kontrolliert werden, ob sie gar sind.

Man sticht dabei mit einer sehr dünnen Nadel bis in die Wurstmitte um festzustellen, ob das Blut auch in den innersten Schichten geronnnen ist.

Tritt daraufhin klares Fett heraus, können die Würste aus dem Kessel genommen werden. Hat der austretende Wurstsaft eine blutige Farbe, müssen sie noch weiter garen.

Anschließend werden die Blutwürste kurz in lauwarmem Wasser abgespült, zum Auskühlen auf angefeuchtete Metalltische gelegt und dann 8 - 10 Stunden kalt geräuchert.

## BUTWURSTHERSTELLUNG

**Vorgegartes Material**

**Zuschneiden des Materials**

**Wolfen der Schwarten**

**Zugabe der Gewürze und Zutaten**

**Alles gut vermengen**

**Zugabe des Schweineblutes**

## BUTWURSTHERSTELLUNG

**Die Masse gründlich vermischen**

**Füllen mittels Handtrichter in Därme**

**Abbinden der einzelnen Würste**

**Blutwürste in den Kochkessel geben**

**Kochen der Blutwürste**

**Die fertigen Blutwürste**

## 15. Fleischrotwurst

**Material für 5 kg Masse:**

| | | |
|---|---|---|
| 3,3 | kg | gepökelte Schweineschulter, vorgegart |
| 0,9 | kg | Schwarten, mittelweich gekocht |
| 0,2 | kg | Schweineleber, roh |
| 0,4 | kg | Schweineblut |
| 0,2 | kg | Kesselbrühe |

**Gewürze und Zutaten je kg Masse:**

| | | |
|---|---|---|
| 10 | g | Nitritpökelsalz |
| 2,0 | g | weißer Pfeffer |
| 1,0 | g | Majoran |
| 0,5 | g | Macis |
| 0,2 | g | Zimt |
| 20 | g | Zwiebeln, roh |

**Herstellung:**

Die noch warmen Schwarten zusammen mit der Leber und den Zwiebeln durch die 2mm - Scheibe des Wolfes lassen und danach mit dem Schweineblut sowie der Kesselbrühe vermischen.

Die Schweineschulter in 1cm große Würfel schneiden, kurz mit kochendem Wasser abbrühen und zum restlichen Material geben.

Die Wurstmasse würzen, gut vermengen, in Schweineblasen abfüllen und die abgebundenen Würste sofort ins kochende Wasser geben.

Nach 10 Minuten die Kesseltemperatur auf 90°C absenken und die Würste unter Beibehaltung dieser Temperatur fertig garen.

Nach dem Garen werden die Fleischrotwürste kurz mit lauwarmem Wasser abgewaschen und zum Auskühlen auf einen angefeuchteten Metalltisch gelegt. Während des Abkühlens sollte man sie mehrfach wenden, um ein Ankleben zu verhindern.

Sind die Fleischrotwürste vollkommen abgekühlt, werden sie 8 - 10 Stunden kalt geräuchert.

## 16. Fleischblutwurst

**Material für 5 kg Masse:**

| | | |
|---|---|---|
| 2,0 | kg | magerer Schweinebauch, vorgegart |
| 1,0 | kg | gepökelte Schweineschulter, vorgegart |
| 0,7 | kg | Schwarten, mittelweich gekocht |
| 0,5 | kg | Schweinebacken, vorgegart |
| 0,1 | kg | Rinderleber, roh |
| 0,7 | kg | Schweineblut |

**Gewürze und Zutaten je kg Masse:**

| | | |
|---|---|---|
| 15 | g | Nitritpökelsalz |
| 2,0 | g | weißer Pfeffer |
| 1,0 | g | Majoran |
| 0,5 | g | Piment |
| 15 | g | Zwiebeln, roh |

**Herstellung:**
Die noch warmen Schwarten zusammen mit der Leber und den Zwiebeln durch die 2mm - Scheibe des Wolfes lassen und danach mit dem Schweineblut vermischen.
Den Bauch, die Schulter und Backen in ca. 1cm große Würfel schneiden, kurz mit kochendem Wasser abbrühen und zum restlichen Material geben.
Die Wurstmasse würzen, gut vermengen, in Rinderkranzdärme abfüllen und die einzeln abgebundenen Würste sofort ins kochende Wasser geben.
Nach 10 Minuten die Kesseltemperatur auf 90°C absenken und die Würste unter Beibehaltung dieser Temperatur fertig garen.
Je Millimeter Darmdurchmesser rechnet man dabei eine Minute Garzeit.
Nach dem Garen werden die Fleischblutwürste kurz mit lauwarmem Wasser abgewaschen und zum Auskühlen auf einen angefeuchteten Metalltisch gelegt.
Während des Abkühlens sollte man sie mehrfach wenden, um ein Ankleben zu verhindern. Sind die Fleischblutwürste vollkommen abgekühlt, werden sie 8 - 10 Stunden kalt geräuchert.

## 17. Rüsselwurst

**Material für 5 kg Masse:**

| | | |
|---|---|---|
| 2,5 | kg | Schweineschnauzen ohne Knochen, gepökelt |
| 0,8 | kg | Schweinebacken mit Schwarte, vorgegart |
| 0,7 | kg | Schwarten, mittelweich gekocht |
| 1,0 | kg | Schweineblut |

**Gewürze und Zutaten je kg Masse:**

| | | |
|---|---|---|
| 13 | g | Nitritpökelsalz |
| 2,0 | g | schwarzer Pfeffer |
| 2,0 | g | Thymian |
| 1,0 | g | Piment |
| 20 | g | Zwiebeln, roh |

**Herstellung:**
Die noch warmen Schwarten zusammen mit den Zwiebeln durch die 2mm - Scheibe des Wolfes lassen und danach mit dem Schweineblut vermischen.
Die Schweineschnauzen in ca. 90°C heißem Wasser bis zu einer Kerntemperatur von 65°C garen, nach dem Abkühlen in gleichmäßige, nicht zu große Stücke schneiden und kurz mit kochendem Wasser abbrühen.
Die Schweinebacken klein würfeln und zum restlichen Material geben.
Die Wurstmasse würzen, gut vermengen, in enge Rinderbutten abfüllen und die einzeln abgebundenen Würste sofort ins kochende Wasser geben.
Nach 10 Minuten die Kesseltemperatur auf 90°C absenken und die Würste unter Beibehaltung dieser Temperatur fertig garen.
Je Millimeter Darmdurchmesser rechnet man dabei eine Minute Garzeit.
Nach dem Garen werden die Rüsselwürste kurz mit lauwarmem Wasser abgewaschen, zum Auskühlen auf einen angefeuchteten Metalltisch gelegt und mehrfach gewendet. Sind die Rüsselwürste vollkommen abgekühlt, werden sie 8 - 10 Stunden kalt geräuchert.

## 18. Speckwurst

**Material für 5 kg Masse:**

| | | |
|---|---|---|
| 2,0 | kg | Rückenspeck |
| 1,8 | kg | Schwarten, mittelweich gekocht |
| 0,9 | kg | Schweineblut |
| 0,3 | kg | Kesselbrühe |

**Gewürze und Zutaten je kg Masse:**

| | | |
|---|---|---|
| 20 | g | Nitritpökelsalz |
| 3,0 | g | weißer Pfeffer |
| 2,0 | g | Majoran |
| 1,0 | g | Piment |
| 0,5 | g | Nelken |
| 20 | g | Zwiebeln, roh |

**Herstellung:**
Die noch warmen Schwarten zusammen mit den Zwiebeln durch die 2mm - Scheibe des Wolfes lassen und danach mit dem Schweineblut sowie der Kesselbrühe vermischen.
Den Rückenspeck in ca. 1cm große Würfel schneiden, kurz mit kochendem Wasser abbrühen und zum restlichen Material geben.
Die Wurstmasse würzen, gut vermengen, in Schweinskrausedärme abfüllen und die einzeln abgebundenen Würste sofort ins kochende Wasser geben. Nach 10 Minuten die Kesseltemperatur auf 90°C absenken und die Würste unter Beibehaltung dieser Temperatur fertig garen.
Je Millimeter Darmdurchmesser rechnet man dabei eine Minute Garzeit.
Nach dem Garen werden die Speckwürste kurz mit lauwarmem Wasser abgewaschen und zum Auskühlen auf einen angefeuchteten Metalltisch gelegt. Während des Abkühlens sollte man sie mehrfach wenden, um ein Ankleben zu verhindern. Sind die Speckwürste vollkommen abgekühlt, werden sie 6 - 8 Stunden kalt geräuchert.

## 19. Hausmacher Blutwurst

**Material für 5 kg Masse:**

2,0 kg Rückenspeck
1,0 kg gepökelte Schweineschulter, vorgegart
0,9 kg Schwarten, mittelweich gekocht
0,8 kg Schweineblut
0,3 kg Kesselbrühe

**Gewürze und Zutaten je kg Masse:**

15 g Nitritpökelsalz
3,0 g weißer Pfeffer
1,0 g Majoran
0,5 g Paprikapulver
0,2 g Nelken
20 g Zwiebeln, geschmort

**Herstellung:**
Die noch warmen Schwarten zusammen mit den Zwiebeln durch die 2mm - Scheibe des Wolfes lassen und danach mit dem Schweineblut sowie der Kesselbrühe vermischen.
Den Rückenspeck und die Schulter in ca. 1cm große Würfel schneiden, kurz mit kochendem Wasser abbrühen und zum restlichen Material geben.
Die Wurstmasse würzen, gut vermengen, in Rinderkranzdärme abfüllen und die einzeln abgebundenen Ringe sofort ins kochende Wasser geben.
Nach 10 Minuten die Kesseltemperatur auf 90°C absenken und die Würste unter Beibehaltung dieser Temperatur fertig garen.
Je Millimeter Darmdurchmesser rechnet man dabei eine Minute Garzeit.
Nach dem Garen werden die Blutwürste kurz mit lauwarmem Wasser abgewaschen und zum Auskühlen auf einen angefeuchteten Metalltisch gelegt.
Während des Abkühlens sollte man sie mehrfach wenden, um ein Ankleben zu verhindern. Sind die Hausmacher Blutwürste vollkommen abgekühlt, werden sie 6 - 8 Stunden kalt geräuchert.

## 20. Gutsfleischwurst

**Material für 5 kg Masse:**

| | | |
|---|---|---|
| 2,5 | kg | Schweineschulter, gepökelt |
| 1,0 | kg | Schweinebauch, gepökelt |
| 0,1 | kg | Schweineleber, roh |
| 0,6 | kg | Schwarten, mittelweich gekocht |
| 0,8 | kg | Schweineblut |

**Gewürze und Zutaten je kg Masse:**

| | | |
|---|---|---|
| 13 | g | Nitritpökelsalz |
| 2,0 | g | schwarzer Pfeffer |
| 2,0 | g | Majoran |
| 1,0 | g | Piment |
| 0,3 | g | Nelken |
| 15 | g | Zwiebeln, geschmort |

**Herstellung:**
Die noch warmen Schwarten zusammen mit der Leber und den Zwiebeln durch die 2mm - Scheibe des Wolfes lassen und danach mit dem Schweineblut vermischen.
Den Bauch und die Schulter in ca. 1cm große Würfel schneiden, kurz mit kochendem Wasser abbrühen und zum restlichen Material geben.
Die Wurstmasse würzen, gut vermengen, in Schweinskrausedärme abfüllen und die einzeln abgebundenen Würste sofort ins kochende Wasser geben.
Nach 10 Minuten die Kesseltemperatur auf 90°C absenken und die Würste unter Beibehaltung dieser Temperatur fertig garen.
Je Millimeter Darmdurchmesser rechnet man dabei eine Minute Garzeit.
Nach dem Garen werden die Gutsfleischwürste kurz mit lauwarmem Wasser abgewaschen und zum Auskühlen auf einen angefeuchteten Metalltisch gelegt.
Während des Abkühlens sollte man sie mehrfach wenden, um ein Ankleben zu verhindern. Sind die Gutsfleischwürste vollkommen abgekühlt, werden sie 8 - 10 Stunden kalt geräuchert.

## 21. Semmelblutwurst

**Material für 5 kg Masse:**

| | | |
|---|---|---|
| 1,0 | kg | Schmalzgrieben |
| 0,8 | kg | Schwarten, mittelweich gekocht |
| 0,2 | kg | Rückenspeck |
| 2,0 | kg | Schweineblut |
| 1,0 | kg | Semmeln |

**Gewürze und Zutaten je kg Masse:**

| | | |
|---|---|---|
| 12 | g | Nitritpökelsalz |
| 12 | g | Speisesalz |
| 2,0 | g | Zucker |
| 3,0 | g | Majoran |
| 2,0 | g | weißer Pfeffer |
| 1,0 | g | Zimt |
| 20 | g | Zwiebeln, geschmort |

**Herstellung:**

Die noch warmen Schwarten zusammen mit den Zwiebeln durch die 2mm - Scheibe des Wolfes lassen und danach mit dem Schweineblut vermischen.
Den klein gewürfelten Speck sowie die Schmalzgrieben kurz mit kochendem Wasser abbrühen und mit den zuvor in etwas Schweineblut eingeweichten Semmeln zum restlichen Material geben.
Die Wurstmasse würzen, gut vermengen, in Rinderkranzdärme abfüllen und die einzeln abgebundenen Ringe sofort ins kochende Wasser geben.
Nach 10 Minuten die Kesseltemperatur auf 90°C absenken und die Würste unter Beibehaltung dieser Temperatur fertig garen.
Nach dem Garen werden die Semmelblutwürste kurz mit lauwarmem Wasser abgewaschen und zum Auskühlen auf einen angefeuchteten Metalltisch gelegt. Während des Abkühlens sollte man sie mehrfach wenden, um ein Ankleben zu verhindern.
Semmelblutwürste werden nicht geräuchert und vor dem Verzehr im Topf oder der Pfanne erhitzt.

## 22. Grützwurst

**Material für 5 kg Masse:**

| | | |
|---|---|---|
| 0,8 | kg | Schwarten, mittelweich gekocht |
| 0,7 | kg | Schweinebacken, vorgegart |
| 0,5 | kg | Schmalzgrieben |
| 2,0 | kg | Schweineblut |
| 1,0 | kg | Buchweizengrütze |

**Gewürze und Zutaten je kg Masse:**

| | | |
|---|---|---|
| 18 | g | Nitritpökelsalz |
| 12 | g | Speisesalz |
| 2,0 | g | Zucker |
| 3,0 | g | schwarzer Pfeffer |
| 2,0 | g | Majoran |
| 20 | g | Zwiebeln, geschmort |

**Herstellung:**
Die noch warmen Schwarten zusammen mit den Zwiebeln durch die 2mm - Scheibe des Wolfes lassen und danach mit dem Schweineblut vermischen. Die klein gewürfelten Backen sowie die Schmalzgrieben kurz mit kochendem Wasser abbrühen und mit der zuvor in etwas Schweineblut eingeweichten Buchweizengrütze zum restlichen Material geben.
Die Wurstmasse würzen, gut vermengen, in Rinderkranzdärme abfüllen und die einzeln abgebundenen Ringe sofort ins kochende Wasser geben. Nach 10 Minuten die Kesseltemperatur auf 90°C absenken und die Würste unter Beibehaltung dieser Temperatur fertig garen.
Je Millimeter Darmdurchmesser rechnet man dabei eine Minute Garzeit.
Nach dem Garen werden die Grützwürste kurz mit lauwarmem Wasser abgewaschen und zum Auskühlen auf einen angefeuchteten Metalltisch gelegt. Während des Abkühlens sollte man sie mehrfach wenden, um ein Ankleben zu verhindern. Grützwürste werden nicht geräuchert und vor dem Verzehr im Topf oder der Pfanne erhitzt.

## 23. Portionsblutwurst mit Semmeln

**Material für 5 kg Masse:**

| | | |
|---|---|---|
| 0,5 | kg | Schweinekopffleisch, vorgegart und klein gewürfelt |
| 0,5 | kg | Schmalzgrieben |
| 0,5 | kg | Schwarten, mittelweich gekocht |
| 0,4 | kg | Schweinebacken, vorgegart und klein gewürfelt |
| 0,6 | kg | Schweineherz, roh |
| 1,5 | kg | Schweineblut |
| 1,0 | kg | Semmeln |

**Gewürze und Zutaten je kg Masse:**

| | | |
|---|---|---|
| 20 | g | Nitritpökelsalz |
| 2,0 | g | weißer Pfeffer |
| 2,0 | g | Majoran |
| 1,0 | g | Paprikapulver |
| 0,5 | g | Piment |
| 15 | g | Zwiebeln, geschmort |

**Herstellung:**
Die noch warmen Schwarten zusammen mit dem Schweineherz und Zwiebeln durch die 2mm - Scheibe des Wolfes lassen und danach mit dem Schweineblut vermischen. Die Kopffleisch- und Backenwürfel sowie die Schmalzgrieben kurz mit kochendem Wasser abbrühen und mit den zuvor in etwas Schweineblut eingeweichten Semmeln zum restlichen Material geben. Die Wurstmasse würzen, gut vermengen, in Rinderkranzdärme abfüllen und die einzeln abgebundenen Würste sofort ins kochende Wasser geben.
Nach 10 Minuten die Kesseltemperatur auf 90°C absenken und die Würste unter Beibehaltung dieser Temperatur fertig garen.
Je Millimeter Darmdurchmesser rechnet man dabei eine Minute Garzeit.
Nach dem Garen werden die Würste kurz mit lauwarmem Wasser abgewaschen, zum Auskühlen auf einen angefeuchteten Metalltisch gelegt und mehrfach gewendet. Portionsblutwürste werden vor dem Verzehr erhitzt.

## 24. Schweinekopfblutwurst

**Material für 5 kg Masse:**

| | | |
|---|---|---|
| 2,5 | kg | gepökeltes Schweinekopffleisch, vorgegart |
| 1,0 | kg | Schweinebacken, vorgegart |
| 0,5 | kg | Schwarten, mittelweich gekocht |
| 1,0 | kg | Schweineblut |

**Gewürze und Zutaten je kg Masse:**

| | | |
|---|---|---|
| 16 | g | Nitritpökelsalz |
| 1,0 | g | Zucker |
| 3,0 | g | weißer Pfeffer |
| 2,0 | g | Majoran |
| 0,5 | g | Piment |
| 25 | g | Zwiebeln, geschmort |

**Herstellung:**
Die noch warmen Schwarten zusammen mit den Zwiebeln durch die 2mm - Scheibe des Wolfes lassen und danach mit dem Schweineblut vermischen. Das Schweinekopffleisch und die Backen in ca. 1cm große Würfel schneiden, kurz mit kochendem Wasser abbrühen und zum restlichen Material geben. Die Wurstmasse würzen, gut vermengen, in Rinderkranzdärme abfüllen und die einzeln abgebundenen Ringe sofort ins kochende Wasser geben.
Nach 10 Minuten die Kesseltemperatur auf 90°C absenken und die Würste unter Beibehaltung dieser Temperatur fertig garen.
Je Millimeter Darmdurchmesser rechnet man dabei eine Minute Garzeit.
Nach dem Garen werden die Schweinekopfblutwürste kurz mit lauwarmem Wasser abgewaschen und zum Auskühlen auf einen angefeuchteten Metalltisch gelegt. Während des Abkühlens sollte man sie mehrfach wenden, um ein Ankleben zu verhindern.
Sind die Schweinekopfblutwürste vollkommen abgekühlt, werden sie 8 - 10 Stunden kalt geräuchert.

## 25. Zungenwurst

**Material für 5 kg Masse:**

2,0 kg gepökelte Schweinezungen, vorgegart
1,5 kg Rückenspeck
0,9 kg Schwarten, mittelweich gekocht
0,6 kg Schweineblut

**Gewürze und Zutaten je kg Masse:**

16 g Nitritpökelsalz
2,0 g Zucker
2,0 g weißer Pfeffer
2,0 g Majoran
0,3 g Piment
0,5 g Nelken
20 g Zwiebeln, geschmort

**Herstellung:**
Die noch warmen Schwarten zusammen mit den Zwiebeln durch die 2mm - Scheibe des Wolfes lassen und danach mit dem Schweineblut vermischen. Den Speck in ca. 0,5cm große Würfel und die von den Schleimhäuten befreiten Zungen in gleichmäßige, nicht zu kleine Stücke schneiden. Dann beides kurz mit kochendem Wasser abbrühen und zum restlichen Material geben. Die Wurstmasse würzen, gut vermengen, in Schweineblasen abfüllen und die abgebundenen Würste sofort ins kochende Wasser geben. Nach 10 Minuten die Kesseltemperatur auf 90°C absenken und die Würste unter Beibehaltung dieser Temperatur fertig garen.
Je Millimeter Darmdurchmesser rechnet man dabei eine Minute Garzeit. Nach dem Garen werden die Zungenwürste kurz mit lauwarmem Wasser abgewaschen und zum Auskühlen auf einen angefeuchteten Metalltisch gelegt. Während des Abkühlens sollte man sie mehrfach wenden, um ein Ankleben zu verhindern. Sind die Zungenwürste vollkommen abgekühlt, werden sie 8 - 10 Stunden kalt geräuchert.

# SÜLZEN

## Herstellung von Sülzen

Das meist vorgepökelte Material für die Herstellung von Sülzen wird erst bissfest gekocht, dann in Würfel, Streifen oder gleichmäßige Stücke geschnitten und vor der Verwendung nochmals kurz mit kochendem Wasser abgebrüht.

Ihre Schnittfähigkeit erhalten Sülzen durch das Erstarren der so genannten Gallertmasse, die aus natürlichem oder künstlichem Aspik besteht.

## Natürliches Aspik

Die Herstellung von natürlichem Aspik erfolgt durch das Auskochen von zerkleinerten Kalbsfüßen, Kalbskopfhäuten, Eisbeinen, Schwarten und Knochen in Gewürzlake.

Hierfür wird das jeweilige Material in einen entsprechend großen Topf gegeben, mit kaltem Wasser bedeckt und nach dem Aufkochen fünf Minuten bei mittlerer Temperatur gegart.

Dann gießt man das Wasser ab, füllt soviel Gewürzlake auf bis das Material bedeckt ist und lässt alles solange bei mittlerer Temperatur kochen, bis das Material zerfällt.

<u>Zutaten für die Gewürzlake je Liter Wasser:</u>

| | | |
|---|---|---|
| 18 | g | Salz |
| 12 | | Wacholderbeeren |
| 6 | | Pfefferkörner |
| 5 | | Pimentkörner |
| 3 | | Lorbeerblätter |

Anschließend wird die Brühe durch ein Sieb gegossen und entfettet.

## Künstliches Aspik

Für die Herstellung von künstlichem Aspik muss Aspikpulver ca. 10 Minuten in etwas kaltem Wasser quellen.

Danach wird es mit heißer Kesselbrühe oder alternativ mit leicht gesalzener Fleischbrühe vermischt und anschließend je nach Rezept gewürzt.

Möchte man künstliches Aspik ohne fertiges Aspikpulver herstellen, benötigt man folgende Zutaten:

Zutaten für 0,5 Liter Aspik:

| | | |
|---|---|---|
| 0,5 | L | Wasser |
| 65 | g | Speisegelantine |
| 60 | g | Zucker |
| 40 | g | Weißwein |
| 90 | g | Essig |
| 3,0 | g | Piment |
| 2 | | Lorbeerblätter |

Herstellung:
Das Wasser und die Zutaten kurz aufkochen, durch ein Sieb gießen und weiter verarbeiten.
Sollte das Aspik trübe sein, kann es durch das Einrühren eines Eiklars geklärt werden.

## Abfüllen und Kühlen

Das gut mit den Gewürzen und Aspik vermischte Material wird entweder in Kunstdärme oder in Formen wie Schüsseln und Teller gefüllt.
Nach dem Abkühlen sind die Sülzen dann schnittfest und können verzehrt werden.

## 26. Kümmelsülze

**Material für 5 kg Masse:**

| | | |
|---|---|---|
| 2,0 | kg | gepökeltes Schweinekopffleisch |
| 1,0 | kg | gepökeltes Bullenfleisch |
| 0,5 | kg | Schweinebauch ohne Schwarte |
| 0,5 | kg | Schweineherzen |
| 1,0 | kg | Kesselbrühe |

**Gewürze und Zutaten je kg Masse:**

| | | |
|---|---|---|
| 12 | g | Nitritpökelsalz |
| 2,0 | g | weißer Pfeffer |
| 2,0 | g | Kümmel |
| 0,5 | g | Ingwer |
| 0,5 | g | Macis |
| 50 | g | Aspikpulver (zur Kesselbrühe) |

**Herstellung:**
Das Material bissfest garen, klein würfeln, kurz mit kochendem Wasser abbrühen und würzen.
Das Aspikpulver in etwas kaltem Wasser ca. 10 Minuten quellen lassen, in der heißen Kesselbrühe auflösen und zum restlichen Material geben.
Alles gut miteinander vermengen, die Sülzmasse in weite Kunstdärme füllen und die abgebundenen Würste unter fließend kaltem Wasser abkühlen. Danach werden sie solange kühl gelagert, bis sie schnittfest sind.

## 27. Schweinskopfsülze

**Material für 5 kg Masse:**

3,3 kg gepökeltes Schweinekopffleisch
0,5 kg Schweinebauch ohne Schwarte
1,2 kg Kesselbrühe

**Gewürze und Zutaten je kg Masse:**

Salz nach Geschmack
3,0 g Pfeffer
1,0 g Macis
0,5 g Kümmel
0,2 g Muskat
60 g Aspikpulver (zur Kesselbrühe)

**Herstellung:**
Das Schweinekopf- und Bauchfleisch bissfest garen, in 2cm große Würfel schneiden, kurz mit kochendem Wasser abbrühen und würzen.
Das Aspikpulver in etwas kaltem Wasser ca. 10 Minuten quellen lassen und dann in der heißen Kesselbrühe auflösen.
Anschließend alles gut miteinander vermengen und die Sülzmasse in rechteckige Formen füllen.
Nach dem Erkalten werden die Formen kurz in heißes Wasser gestellt. Dadurch lässt sich die Sülze dann problemlos heraus stürzen.

## 28. Ochsenmaulsülze

**Material für 5 kg Masse:**

| | | |
|---|---|---|
| 3,5 | kg | gepökelte Ochsenmäuler |
| 0,7 | kg | gepökelte Schweinemasken |
| 0,8 | kg | Aspik |

**Gewürze und Zutaten je kg Masse:**

| | | |
|---|---|---|
| 0,5 | g | Zucker |
| 2,0 | g | schwarzer Pfeffer |
| 15 | g | Zwiebeln, fein gehackt |
| 10 | g | Senfkörner |

**Herstellung:**
Die Ochsenmäuler und Schweinemasken bissfest garen, klein würfeln, kurz mit kochendem Wasser abbrühen und würzen.
Dann das Aspik zugeben, alles gut vermengen und die Masse in weite Kunstdärme füllen.
Die abgebundenen Würste anschließend unter fließend kaltem Wasser Abkühlen und danach solange kühl lagern, bis sie schnittfest sind.

## 29. Rinderzunge in Aspik

**Material für 5 kg Masse:**

3,8 kg gepökelte Rinderzungen
1,2 kg Kesselbrühe

**Gewürze und Zutaten je kg Masse:**

Salz nach Geschmack
**2,0 g weißer Pfeffer**
0,5 g Kümmel
**60 g Aspikpulver (zur Kesselbrühe)**

**Herstellung:**
Die Rinderzungen bissfest garen und nach dem Abkühlen die Schleimhäute entfernen.
Dann werden sie in ca. 2cm **große Würfel geschnitten,** kurz mit kochendem Wasser abgebrüht und gewürzt.
**Das Aspikpulver in etwas kaltem Wasser ca. 10 Minuten quellen lassen und** danach in der heißen Kesselbrühe auflösen.
Anschließend wird **alles gut miteinander vermengt** und die Sülzmasse in **rechteckige Formen gefüllt**.
Nach dem Erkalten werden die Formen kurz in heißes Wasser gestellt.
Dadurch **lässt sich die Schweinezunge in Aspik dann problemlos** heraus stürzen.

## 30. Schüsselsülze

**Material für 5 kg Masse:**

3,0 kg gepökeltes Schweinekopffleisch
0,5 kg gepökeltes Eisbeinfleisch
0,5 kg gepökelter Schweinebauch
1,0 kg Aspik

**Gewürze und Zutaten je kg Masse:**

2,0 g schwarzer Pfeffer
1,0 g Kümmel
20 g Zwiebeln, klein gewürfelt
einige Scheiben gekochtes Ei

**Herstellung:**
Das Material bissfest garen, nach dem Erkalten in ca. 1cm große Würfel schneiden und kurz mit kochendem Wasser abbrühen.
Die Würfel dann gut mit den Gewürzen vermengen, in kleinere Glasschüsseln füllen auf deren Boden zuvor eine Scheibe gekochtes Ei gelegt wurde und mit dem Aspik übergießen.
Nach dem Erkalten werden die Schüsseln kurz in heißes Wasser gestellt. So lässt sich die Sülze problemlos heraus stürzen.

## 31. Eisbeinsülze

**Material für 5 kg Masse:**

3,0 kg gepökeltes Eisbeinfleisch
0,5 kg Gewürzgurken, klein gewürfelt
0,3 kg grüne Erbsen (Konserve)
0,2 kg Möhrenstifte, gekocht
1,0 kg Aspik

**Gewürze und Zutaten je kg Masse:**

Salz nach Geschmack
10 g Senfkörner
15 g Zwiebeln, klein gewürfelt
einige Scheiben gekochtes Ei

**Herstellung:**
Das Eisbeinfleisch bissfest garen, nach dem Erkalten klein würfeln und kurz mit kochendem Wasser abbrühen.
Die Würfel dann würzen und vorsichtig mit den Gurken, Erbsen und Möhrenstiften vermengen.
Die Masse danach in größere Glasschüsseln füllen auf deren Boden zuvor einige Scheiben gekochter Eier gelegt wurden und mit dem Aspik übergießen.
Nach dem Erkalten werden die Schüsseln kurz in heißes Wasser gestellt. So lässt sich die Eisbeinsülze problemlos heraus stürzen.

# SÜLZWÜRSTE

## Sülzwurstherstellung allgemein

Zur Sülzwurstherstellung werden Magerfleisch, Eisbeine, Kopffleisch Speck, Schweinebacken und Schwarten verwendet.

Bei manchen Rezepten ist zusätzlich die Zugabe von Innereien erforderlich.

Sollen die fertigen Würste ein tiefdunkles Aussehen bekommen, muss man sie vor dem Kochen in heißes Schweineblut legen.

Ihre Schnittfestigkeit erhalten Sülzwürste durch die Zugabe von Schwartenbrei, der die Wurstbestandteile nach dem Kochen und Abkühlen miteinander verbindet.

## Schwartenbrei

Für die Herstellung des Schwartenbreis müssen die zuvor gründlich entfetteten Schwarten so lange bei einer Kesseltemperatur von ca. 80°C garen, bis sie sich zwischen Daumen und Zeigefinger gerade so durchdrücken lassen. Sie dürfen auf keinen Fall zu weich gekocht werden, da sie dann ihre Bindefähigkeit für die Wurst verlieren.

Danach werden die noch warmen Schwarten durch die feine Scheibe des Wolfes gelassen und mit Kesselbrühe vermischt.

## Vorbereitung des Materials

Das Magerfleisch und Fett wird mild gepökelt und dann gut vorgegart.
Dafür gibt man es erst 5 Minuten ins kochende Wasser und gart es dann bei einer Kesseltemperatur von ca. 80°C so lange weiter, bis eine Kerntemperatur von 65°C erreicht ist.

Schweinekopffleisch wird mitteilweich gekocht, Leber roh verarbeitet und alle anderen Innereien bis zu einer Kerntemperatur von 65°C im ca. 80°C heißen Wasser des Kochkessels gegart.

Der Speck wird in kleinere Würfel geschnitten und dann ganz kurz im Kochkessel abgebrüht. Alternativ kann man die Würfel auch in ein Sieb geben und so oft mit kochendem Wasser übergießen, bis das schmalzige Oberflächenfett abgespült ist.

## Wolfen und Abfüllen

Die noch warmen Schwarten werden durch die feine Scheibe des Wolfes gelassen und dann mit etwas Kesselbrühe vermengt.

Das restliche Material schneidet man in kleinere Würfel, Streifen oder gleichmäßige Stücke und brüht es vor der Verwendung nochmals kurz mit kochendem Wasser ab.

Dann werden die Gewürze zugegeben, das gesamte Material gut miteinander vermengt und die Sülzwurstmasse in Kunstdärme, Butten, Schweineblasen oder Schweinemägen abgefüllt.

Bei Naturdärmen und -hüllen darf das Füllen nicht zu fest geschehen, da sie sich während des Kochens stark zusammen ziehen und dann leicht platzen können!

## Kochen, Kühlen und Räuchern

Nach dem Abfüllen werden die Würste ins kochende Wasser gegeben.

Nach 10 Minuten senkt man die Kesseltemperatur durch Zugabe von etwas kaltem Wasser auf ca. 80°C ab und lässt die Sülzwürste unter Beibehaltung dieser Temperatur fertig garen.

Die Gardauer richtet sich dabei nach dem Durchmesser (Kaliber) der verwendeten Därme. Je Millimeter Darmdurchmesser rechnet man eine Minute Garzeit.

Danach werden die Würste kurz in lauwarmem Wasser abgespült und zum Auskühlen auf angefeuchtete Metalltische gelegt.

Sülzwürste verzehrt man in der Regel ungeräuchert. Je nach Geschmack können sie aber auch bis zu 12 Stunden kalt geräuchert werden.

## SÜLZWURSTHERSTELLUNG

Vorgegartes Material

Mittelweich gekochte Schwarten

Wolfen der Schwarten

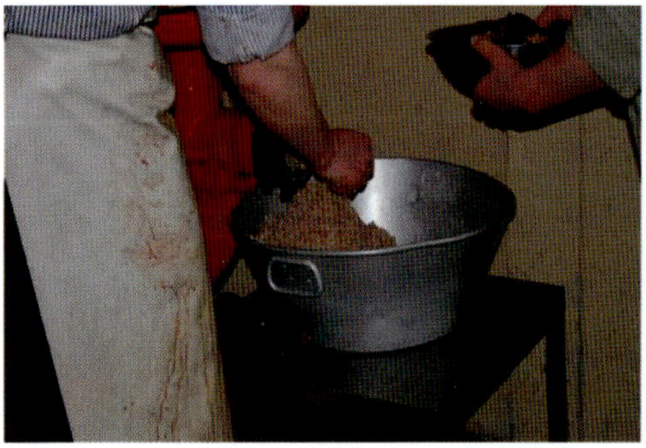

Zugabe der Kesselbrühe

Nach Gewürzzugabe alles vermengen

Masse in Gläser oder Därme abfüllen

## 32. Hausmacher - Sülzwurst mit Paprika

**Material für 5 kg Masse:**

| | | |
|---|---|---|
| 2,0 | kg | gepökeltes Schulterfleisch, vorgegart |
| 1,0 | kg | Eisbeinfleisch, vorgegart |
| 0,5 | kg | Rückenspeck |
| 0,5 | kg | Schwarten, mittelweich gekocht |
| 0,5 | kg | rote Paprika, in Streifen geschnitten |
| 0,5 | kg | Kesselbrühe |

**Gewürze und Zutaten je kg Masse:**

Salz nach Geschmack

| | | |
|---|---|---|
| 3,0 | g | schwarzer Pfeffer |
| 1,0 | g | Kümmel |
| 1,0 | g | Ingwer |
| 0,5 | g | Piment |

**Herstellung:**
Das Schulter- und Eisbeinfleisch sowie den Rückenspeck in 2cm große Würfel schneiden und kurz mit kochendem Wasser abbrühen.
Die noch warmen Schwarten durch die 2mm - Scheibe des Wolfes lassen, mit der Kesselbrühe vermischen und zum restlichen Material geben.
Die Gewürze und Paprikastreifen zugeben, alles gut vermengen, die Sülzwurstmasse in weite Kunstdärme abfüllen und die abgebundenen Würste sofort ins kochende Wasser geben.
Nach 10 Minuten die Kesseltemperatur auf 80°C absenken und die Würste unter Beibehaltung dieser Temperatur fertig garen.
Je Millimeter Darmdurchmesser rechnet man dabei eine Minute Garzeit.
Danach werden die Würste kurz mit lauwarmem Wasser abgespült und zum Auskühlen auf angefeuchtete Metalltische gelegt.

## 33. Rindersülzwurst

**Material für 5 kg Masse:**

| | | |
|---|---|---|
| 2,5 | kg | gepökelte Rinderschulter, vorgegart |
| 0,7 | kg | gepökelter Schweinebauch, vorgegart |
| 1,0 | kg | Schwarten, mittelweich gekocht |
| 0,8 | kg | Kesselbrühe |

**Gewürze und Zutaten je kg Masse:**

Salz nach Geschmack

| | | |
|---|---|---|
| 2,5 | g | schwarzer Pfeffer |
| 0,5 | g | Ingwer |
| 1,0 | g | Macis |
| 20 | g | Zwiebeln, roh |

**Herstellung:**
Die Rinderschulter und den Schweinebauch in ca. 1cm große Würfel schneiden und kurz mit kochendem Wasser abbrühen.
Die noch warmen Schwarten zusammen mit den Zwiebeln durch die 2mm - Scheibe des Wolfes lassen, mit der Kesselbrühe vermischen und zum restlichen Material geben.
Die Masse würzen, gut vermengen, in mittelweite Kunstdärme füllen und die abgebundenen Würste sofort ins kochende Wasser geben.
Nach 10 Minuten die Kesseltemperatur auf 80°C absenken und die Würste unter Beibehaltung dieser Temperatur fertig garen.
Je Millimeter Darmdurchmesser rechnet man dabei eine Minute Garzeit.
Danach werden die Würste kurz mit lauwarmem Wasser abgespült und zum Auskühlen auf angefeuchtete Metalltische gelegt.

## 34. Delikatess - Preßkopf

**Material für 5 kg Masse:**

3,5 kg Schweinekopffleisch, vorgegart
0,8 kg Schwarten, mittelweich gekocht
0,7 kg Kesselbrühe

**Gewürze und Zutaten je kg Masse:**

20 g Salz
3,0 g weißer Pfeffer
1,5 g Kümmel, ganz
1,0 g geriebene Zitronenschale
15 g Zwiebeln, roh

**Herstellung:**
Das Schweinekopffleisch in kleinere Stücke schneiden und kurz mit kochendem Wasser abbrühen.
Die noch warmen Schwarten zusammen mit den Zwiebeln durch die 2mm - Scheibe des Wolfes lassen, mit der Kesselbrühe vermischen und zum Kopffleisch geben.
Die Masse würzen, gut vermengen, in Rinderbutten abfüllen und die abgebundenen Würste sofort ins kochende Wasser geben.
Nach 10 Minuten die Kesseltemperatur auf 80°C absenken und die Würste unter Beibehaltung dieser Temperatur fertig garen.
Je Millimeter Darmdurchmesser rechnet man dabei eine Minute Garzeit.
Danach werden die Würste kurz mit lauwarmem Wasser abgespült und zum Auskühlen auf angefeuchtete Metalltische gelegt..
Je nach Geschmack können sie anschließend ein paar Stunden kalt angeräuchert werden.

## 35. Fleischpreßsack

**Material für 5 kg Masse:**

| | | |
|---|---|---|
| 3,0 | kg | gepökelte Rinderschulter, vorgegart |
| 0,5 | kg | Schweinebauch ohne Schwarte, vorgegart |
| 0,8 | kg | Schwarten, mittelweich gekocht |
| 0,7 | kg | Kesselbrühe |

**Gewürze und Zutaten je kg Masse:**

| | | |
|---|---|---|
| 14 | g | Nitritpökelsalz |
| 3,0 | g | weißer Pfeffer |
| 1,0 | g | Muskat |
| 0,5 | g | Majoran |

**Herstellung:**

Die Rinderschulter in größere Stücke, den Bauch in kleine Würfel schneiden und beides kurz mit kochendem Wasser abbrühen.
Die noch warmen Schwarten durch die 2mm - Scheibe des Wolfes lassen, mit der Kesselbrühe vermischen und zum restlichen Material geben.
Die Masse würzen, gut vermengen, in Schweineblasen abfüllen und die abgebundenen Würste sofort ins kochende Wasser geben.
Nach 10 Minuten die Kesseltemperatur auf 80°C absenken und die Würste unter Beibehaltung dieser Temperatur fertig garen.
Je Millimeter Darmdurchmesser rechnet man dabei eine Minute Garzeit.
Danach werden die Würste kurz mit lauwarmem Wasser abgespült, zum Auskühlen auf angefeuchtete Metalltische gelegt und dabei mit einem Holzbrett beschwert. Dadurch erhalten die Fleischpreßsäcke ihre typische Form. Je nach Geschmack können sie anschließend ein paar Stunden kalt angeräuchert werden.

## 36. Weißer Schwartenmagen

**Material für 5 kg Masse:**

| | | |
|---|---|---|
| 1,5 | kg | Schwarten, mittelweich gekocht |
| 1,0 | kg | Schweineschulter, vorgegart |
| 1,0 | kg | Schweinekopffleisch, vorgegart |
| 0,5 | kg | Schweinebacken, vorgegart |
| 1,0 | kg | Kesselbrühe |

**Gewürze und Zutaten je kg Masse:**

| | | |
|---|---|---|
| 22 | g | Salz |
| 3,0 | g | weißer Pfeffer |
| 1,0 | g | Muskat |
| 0,2 | g | Nelken |
| 20 | g | Zwiebeln, roh |

**Herstellung:**
Das Schulter- und Kopffleisch sowie die Schweinebacken klein würfeln und kurz mit kochendem Wasser abbrühen.
Die noch warmen Schwarten zusammen mit den Zwiebeln durch die 2mm - Scheibe des Wolfes lassen, mit der Kesselbrühe vermischen und zum restlichen Material geben.
Die Masse würzen, gut vermengen, in Schweineblasen abfüllen und die abgebundenen Würste sofort ins kochende Wasser geben.
Nach 10 Minuten die Kesseltemperatur auf 80°C absenken und die Würste unter Beibehaltung dieser Temperatur fertig garen.
Je Millimeter Darmdurchmesser rechnet man dabei eine Minute Garzeit.
Danach werden die Würste kurz mit lauwarmem Wasser abgespült und zum Auskühlen auf angefeuchtete Metalltische gelegt.
Weißer Schwartenmagen wird frisch, also ungeräuchert, verzehrt.

## ROHWÜRSTE

Rohwürste werden aus ungekochtem Material hergestellt, in der Regel auch roh verzehrt und erhalten durch das Umröten und Räuchern ihre typische Farbe. Durch den anschließenden Reifungsprozess, der je nach Wurstsorte von einem Tag bis zu mehreren Monaten dauern kann, sind sie ungekühlt über einen längeren Zeitraum lagerfähig.

### Rohwurstherstellung allgemein

Für die Rohwurstherstellung sollte ausschließlich das Fleisch älterer Tiere verwendet werden, da es fest und trocken ist. Am besten geeignet ist das Fleisch von Sauen, kastrierten Ebern, Kühen, alten Bullen und Ochsen.

Es ist unbedingt darauf zu achten nur völlig ausgeruhte Tiere zu schlachten, da das Fleisch gestresster Tiere blass, weich und wässrig werden kann.

Unterschieden werden schnittfeste und streichfähige Rohwürste.

## SCHNITTFESTE ROHWÜRSTE

Bei der Herstellung schnittfester Rohwürste wird das Fettmaterial nur grob zerkleinert. Dadurch verbindet es sich nicht sehr stark mit dem Magerfleisch und ist sichtbarer in der fertigen Wurst.

Durch den anschließenden, mit der Austrocknung der Wurst verbundenen Reifungsprozess, können schnittfeste Rohwürste lange ungekühlt gelagert werden.

### Vorbereitung des Materials

Um Fehler im fertigen Endprodukt zu vermeiden sollten zwischen der Schlachtung und Verarbeitung des Materials mindestens zwei Tage vergangen sein. Nur so kann sichergestellt werden, dass es genügend gereift ist.

Vom Magerfleisch müssen alle Sehnen und blutigen Bestandteile entfernt werden.

Am besten geeignet sind Schinken- und Schulterfleisch vom Schwein sowie Keulen- und Schulterfleisch vom Rind.

Um ein sauberes Schnittbild zu erhalten, wird das Fleisch vor der Verarbeitung in Stücke geschnitten und 3 - 4 Stunden bei -18°C angefroren.

Als Fettmaterial sollte nur kerniger und gut entschwarteter Rücken-, Nacken oder Schulterspeck vom Schwein verwendet werden, den man vorher in 5mm dicke Scheiben schneidet und 1 - 2 Tage bei mindestens -18°C einfriert.

### Kuttern / Wolfen und Abfüllen

Je nach Rezept wird das Magerfleisch zusammen mit den Gewürzen durch den Wolf gelassen oder bei langsamer Geschwindigkeit solange gekuttert, bis es etwas gebunden ist.

Danach vermengt man es entweder unter Zugabe der Gewürze solange mit dem zuvor gewolften Speck bis die Masse gebunden ist oder kuttert den Speck bei höherer Geschwindigkeit bis zur gewünschten Körnung unter.

Dabei ist unbedingt darauf zu achten, dass die Temperatur der Masse höchstens 2°C beträgt. Ansonsten muss sie nochmals gekühlt werden.

Aus der Rohwurstmasse formt man dann möglichst luftfreie Ballen und füllt sie in Fettenden, Mitteldärme, Kranzdärme, Butten oder Kunstdärme.

Dünnere Rohwurstsorten wie z. B. Knacker werden auch in Schweinssaitlinge gefüllt.

Um Fehler in der fertigen Wurst zu vermeiden muss das Füllen bei einigen Sorten so straff erfolgen, wie es die Haltbarkeit des Darms zulässt.

Wenn die Temperatur der Rohwurstmasse während dieses Arbeitsschrittes auf über 4°C ansteigt, muss sie wieder herunter gekühlt werden.

### Umröten und Räuchern

Nach dem Füllen hängt man die einzeln abgebundenen Würste zum Umröten in einen 15°C - 20°C temperierten Raum mit guter Belüftung.

Ideal ist eine Luftfeuchtigkeit von 85% - 90%.

Wenn das Wurstgut rosarot durch den Darm scheint, werden die Würste solange kalt geräuchert, bis sie die gewünschte Farbe angenommen haben.

Die Räucherdauer richtet sich dabei nach dem Durchmesser des verwendeten Darms, der Menge des verwendeten Nitritpökelsalzes und der Ausstattung des zur Verfügung stehenden Räucherofens.

Sie kann von einem Tag bis zu einer Woche betragen.

### Reifung und Lagerung

Damit die Würste schnittfest werden, müssen sie in einem dunklen, gut belüfteten und zwischen 12°C -15°C temperierten Raum reifen. Durchzug ist dabei unbedingt zu vermeiden.

Die Reifedauer beträgt zwischen zwei bis sechs Wochen und ist abhängig vom Durchmesser der Wurst, der Qualität des verarbeiteten Materials sowie den verwendeten Gewürzen und Zutaten.

Nachdem die Reifung abgeschlossen ist, müssen die Rohwürste hängend in einem dunklen, kühlen und luftigen Raum gelagert werden.

## STREICHFÄHIGE ROHWÜRSTE

Streichfähige Rohwürste haben einen höheren Fettanteil als schnittfeste Sorten.

Bei der Herstellung wird das Fettgewebe mehr zerkleinert als bei schnittfester Rohwurst, umhüllt deshalb besser die ebenfalls zerkleinerten Fleischteilchen und macht die fertige Wurst dadurch streichfähig.

Wegen ihrer geringen Austrocknung nach dem Umrötungsprozess sind streichfähige Rohwürste nicht so lange haltbar wie schnittfeste Sorten.

### Vorbereitung des Materials

Vom Magerfleisch müssen alle Sehnen und blutigen Bestandteile entfernt werden. Am besten geeignet sind Schinken-, Schulter- und mageres Bauchfleisch vom Schwein sowie Keulen- und Schulterfleisch vom Rind.

Als Fettmaterial sollte wegen seiner „schmalzigeren“ Eigenschaften fetter Schweinebauch, Wammen- oder Schinkenspeck verwendet werden.

Das gesamte Material ist vor der Verarbeitung in Stücke zu schneiden und auf eine Temperatur von 0°C - 1°C zu kühlen.

### Kuttern / Wolfen und Abfüllen

Für feinere Rohwurstorten wird das Material durch die 2mm Scheibe des Wolfes gelassen und dann zusammen mit den Gewürzen feingekuttert. Danach gibt man das Salz zu und kuttert alles solange, bis das Wurstbrät gut vermischt ist.

Soll eine grobere Sorte hergestellt werden, wird das gesamte Material in der gewünschten Größe gewolft und anschließend mit den Gewürzen und Zutaten vermengt.

Aus der Rohwurstmasse formt man dann möglichst luftfreie Ballen und füllt sie in Fettenden, Mitteldärme, Kranzdärme, Butten oder Kunstdärme.

### Umröten und Räuchern

Nach dem Füllen hängt man die einzeln abgebundenen Würste mindestens einen Tag zum Umröten in einen 15°C - 20°C temperierten Raum mit guter Belüftung.

Ideal ist eine Luftfeuchtigkeit von 85% - 90%.

Wenn das Wurstgut rosarot durch den Darm scheint werden die Würste solange bei ca. 20°C kalt geräuchert, bis sie die gewünschte Farbe angenommen haben.

### Lagerung

Nach dem Räuchern lagert man die streichfähigen Rohwürste hängend in einem 12°C - 15°C temperierten Raum mit einer Luftfeuchtigkeit von ca. 80%.

# HERSTELLUNG VON GERÄUCHERTEN BRATWÜRSTEN

**Wolfen des Materials**

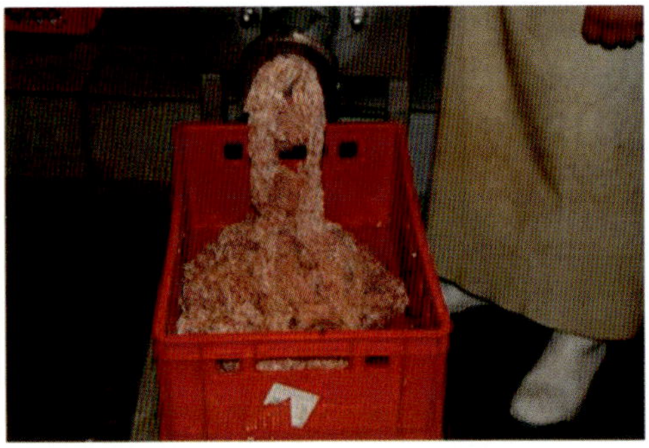

**Nach Gewürzzugabe alles gut vermengen**

**Bratwurstmasse im Wurstfüller**

**Füllen und Abdrehen der Würste**

**Räuchern**

**Die fertigen Bratwürste**

## 37. Cervelatwurst

**Material für 5 kg Masse:**

2,0 kg durchwachsene Schweineschulter, angefroren
1,8 kg ausgelöste Rinderkeule, angefroren
1,2 kg Rückenspeck vom Schwein, tief gefroren

**Gewürze und Zutaten je kg Masse:**

24 g Nitritpökelsalz
3,0 g weißer Pfeffer
2,0 g Traubenzucker
0,3 g Kardamom
1,0 cl dunkler Rum

**Herstellung:**

Das in Stücke geschnittene Schweinefleisch durch die 5mm - Scheibe und das ebenfalls in Stücke geschnittene Rindfleisch durch die 3mm - Scheibe des Wolfes lassen. Danach gibt man beides zusammen mit den Speckscheiben in den Kutter und lässt alles 3 - 4 Runden im langsamen Gang laufen.
Dann werden die Gewürze und Zutaten zugegeben und die Masse solange schnell gekuttert, bis alle Bestandteile die Größe eines Reiskorns haben. Dabei ist unbedingt darauf zu achten, dass die Temperatur der Cervelatwurst-masse höchstens 2°C beträgt. Ansonsten muss sie wieder herunter gekühlt werden.
Anschließend wird sie in möglichst luftfreie Ballen geworfen und in weite Rinderfettenden abgefüllt. Sollte die Temperatur der Masse während dieses Arbeitsschrittes auf über 4°C ansteigen, muss sie nochmals herunter gekühlt werden. Nach dem Füllen hängt man die einzeln abgebundenen Würste zum Umröten in einen 15°C - 20°C temperierten Raum mit guter Belüftung und einer Luftfeuchtigkeit von 85% - 90%. Wenn das Wurstgut rosarot durch den Darm scheint werden die Cervelatwürste solange kalt geräuchert, bis sie eine schöne rotbraune Farbe angenommen haben. Die Räucherdauer kann zwischen einem und mehreren Tagen betragen. Damit die Würste schnittfest werden hängt man sie danach zum Reifen in einen dunklen, gut belüfteten und zwischen 12°C -15°C temperierten Raum. Durchzug ist dabei unbedingt zu vermeiden. Die Reifedauer beträgt zwischen zwei bis sechs Wochen und ist abhängig vom Durchmesser der Wurst, der Qualität des verarbeiteten Materials sowie den verwendeten Gewürzen und Zutaten.
Anschließend werden die Cervelatwürste hängend in einem dunklen, kühlen und luftigen Raum gelagert.

## 38. Salami

**Material für 5 kg Masse:**

| | | |
|---|---|---|
| 2,2 | kg | Schweineunterschale, angefroren |
| 1,5 | kg | Rinderschulter, angefroren |
| 1,3 | kg | Rückenspeck vom Schwein, tief gefroren |

**Gewürze und Zutaten je kg Masse:**

| | | |
|---|---|---|
| 24 | g | Salz |
| 0,3 | g | Salpeter |
| 3,0 | g | Zucker |
| 2,0 | g | Traubenzucker |
| 2,0 | g | weißer Pfeffer |
| 0,5 | g | Kardamom |
| 1,0 | cl | Weinbrand |

**Herstellung:**
Das in Stücke geschnittene Fleisch und die Rückenspeckscheiben durch die 5mm - Scheibe des Wolfes lassen und danach solange vorsichtig mit den Gewürzen und Zutaten vermengen, bis alles gut vermischt ist.
Die Masse dann in möglichst luftfreie Ballen werfen und in Rindermitteldärme abfüllen. Das Füllen hat so straff zu erfolgen, wie es die Haltbarkeit des Darms zulässt. Sollte die Temperatur der Salamimasse während dieses Arbeitsschrittes auf über 4°C ansteigen, muss sie wieder herunter gekühlt werden. Nach dem Füllen hängt man die einzeln abgebundenen Würste zum Umröten in einen 15°C - 20°C temperierten Raum mit guter Belüftung und einer Luftfeuchtigkeit von 85% - 90%. Wenn das Wurstgut rosarot durch den Darm scheint werden die Salamis solange kalt geräuchert, bis sie eine schöne rotbraune Farbe angenommen haben. Die Räucherdauer kann zwischen einem und mehreren Tagen betragen. Damit die Würste schnittfest werden hängt man sie danach zum Reifen in einen dunklen, gut belüfteten und zwischen 12°C - 15°C temperierten Raum. Durchzug ist dabei unbedingt zu vermeiden.
Die Reifedauer beträgt zwischen zwei bis sechs Wochen und ist abhängig vom Durchmesser der Wurst, der Qualität des verarbeiteten Materials sowie den verwendeten Gewürze und Zutaten. Anschließend werden die Salamis hängend in einem dunklen, kühlen und luftigen Raum gelagert.

## 39. Lammfleisch - Salami

**Material für 5 kg Masse:**

| | | |
|---|---|---|
| 3,0 | kg | Lammschulter, angefroren |
| 0,5 | kg | ausgelöste Lammkeule, angefroren |
| 1,5 | kg | Nackenspeck vom Schwein, tief gefroren |

**Gewürze und Zutaten je kg Masse:**

| | | |
|---|---|---|
| 24 | g | Nitritpökelsalz |
| 2,0 | g | weißer Pfeffer |
| 2,0 | g | Zucker |
| 0,3 | g | Ingwer |
| 0,3 | g | Kardamom |
| ½ | | Knoblauchzehen, gepresst |

**Herstellung:**
Das in Stücke geschnittene Fleisch und die Nackenspeckscheiben durch die 5mm - Scheibe des Wolfes lassen und danach solange vorsichtig mit den Gewürzen und Zutaten vermengen, bis alles gut vermischt ist.
Die Masse dann in möglichst luftfreie Ballen werfen und in Rindermitteldärme abfüllen. Das Füllen hat so straff zu erfolgen, wie es die Haltbarkeit des Darms zulässt. Sollte die Temperatur der Salamimasse während dieses Arbeitsschrittes auf über 4°C ansteigen, muss sie wieder herunter gekühlt werden. Nach dem Füllen hängt man die einzeln abgebundenen Würste zum Umröten in einen 15°C - 20°C temperierten Raum mit guter Belüftung und einer Luftfeuchtigkeit von 85% - 90%. Wenn das Wurstgut rosarot durch den Darm scheint werden die Salamis solange kalt geräuchert, bis sie eine schöne rotbraune Farbe angenommen haben. Die Räucherdauer kann zwischen einem und mehreren Tagen betragen. Damit die Würste schnittfest werden hängt man sie danach zum Reifen in einen dunklen, gut belüfteten und zwischen 12°C - 15°C temperierten Raum. Durchzug ist dabei unbedingt zu vermeiden.
Die Reifedauer beträgt zwischen zwei bis sechs Wochen und ist abhängig vom Durchmesser der Wurst, der Qualität des verarbeiteten Materials sowie den verwendeten Gewürze und Zutaten. Anschließend werden die Lammfleisch - Salamis hängend in einem dunklen, kühlen und luftigen Raum gelagert.

## 40. Schlackwurst

**Material für 5 kg Masse:**

| | | |
|---|---|---|
| 2,5 | kg | magere Schweineschulter, gut gekühlt |
| 1,0 | kg | Rinderschulter, gut gekühlt |
| 1,5 | kg | Nackenspeck vom Schwein, gefroren |

**Gewürze und Zutaten je kg Masse:**

| | | |
|---|---|---|
| 24 | g | Salz |
| 0,3 | g | Salpeter |
| 3,0 | g | Traubenzucker |
| 3,0 | g | weißer Pfeffer |
| 2,0 | g | Senfkörner |
| 0,3 | g | Ingwer |

**Herstellung:**
Das in Stücke geschnittene Schweine- und Rindfleisch durch die 3mm - Scheibe des Wolfes lassen, zusammen mit den Nackenspeckscheiben in den Kutter geben und alles 3 - 4 Runden im langsamen Gang laufen lassen.
Dann die Gewürze und Zutaten zugeben und die Masse solange schnell kuttern, bis alle Bestandteile die Größe eines Reiskorns haben. Dabei ist unbedingt darauf zu achten, dass die Temperatur der Schlackwurstmasse höchstens 2°C beträgt. Ansonsten muss sie wieder herunter gekühlt werden. Anschließend wird sie in möglichst luftfreie Ballen geworfen und in weite Rinderfettenden abgefüllt. Sollte die Temperatur der Masse während dieses Arbeitsschrittes auf über 4°C ansteigen, muss sie nochmals herunter gekühlt werden.
Nach dem Füllen hängt man die einzeln abgebundenen Würste zum Umröten in einen 15°C - 20°C temperierten Raum mit guter Belüftung und einer Luftfeuchtigkeit von 85% - 90%. Wenn das Wurstgut rosarot durch den Darm scheint werden die Schlackwürste solange kalt geräuchert, bis sie eine schöne goldgelbe Farbe angenommen haben. Die Räucherdauer kann zwischen einem und mehreren Tagen betragen. Damit die Würste schnittfest werden hängt man sie danach zum Reifen in einen dunklen, gut belüfteten und zwischen 12°C -15°C temperierten Raum. Durchzug ist dabei unbedingt zu vermeiden.
Die Reifedauer beträgt zwischen zwei bis sechs Wochen und ist abhängig vom Durchmesser der Wurst, der Qualität des verarbeiteten Materials sowie den verwendeten Gewürzen und Zutaten. Anschließend werden die Schlackwürste hängend in einem dunklen, kühlen und luftigen Raum gelagert.

## 41. Schinkenplockwurst

**Material für 5 kg Masse:**

| | | |
|---|---|---|
| 2,0 | kg | Schweineoberschale, gut gekühlt |
| 1,5 | kg | ausgelöste Rinderkeule, gut gekühlt |
| 1,5 | kg | Rückenspeck vom Schwein, gefroren |

**Gewürze und Zutaten je kg Masse:**

| | | |
|---|---|---|
| 24 | g | Nitritpökelsalz |
| 3,0 | g | Zucker |
| 3,0 | g | weißer Pfeffer |
| 2,0 | g | Honig |

**Herstellung:**

Das in Stücke geschnittene Schweinefleisch durch die 5mm - Scheibe und das ebenfalls in Stücke geschnittene Rindfleisch sowie die Rückenspeckscheiben durch die 3mm - Scheibe des Wolfes lassen. Danach die Gewürze und Zutaten zugeben und die Masse solange vorsichtig vermengen, bis alles gut vermischt ist. Anschließend wird sie in möglichst luftfreie Ballen geworfen und in Rindermitteldärme abgefüllt. Das Füllen hat so straff zu erfolgen, wie es die Haltbarkeit des Darms zulässt. Sollte die Temperatur der Schinkenplockwurstmasse während dieses Arbeitsschrittes auf über 4°C ansteigen, muss sie wieder herunter gekühlt werden. Nach dem Füllen hängt man die einzeln abgebundenen Würste zum Umröten in einen 15°C - 20°C temperierten Raum mit guter Belüftung und einer Luftfeuchtigkeit von 85% - 90%. Wenn das Wurstgut rosarot durch den Darm scheint werden die Schinkenplockwürste solange kalt geräuchert, bis sie eine schöne rotbraune Farbe angenommen haben. Die Räucherdauer kann zwischen einem und mehreren Tagen betragen. Damit die Würste schnittfest werden hängt man sie danach zum Reifen in einen dunklen, gut belüfteten und zwischen 12°C -15°C temperierten Raum. Durchzug ist dabei unbedingt zu vermeiden. Die Reifedauer beträgt zwischen zwei bis sechs Wochen und ist abhängig vom Durchmesser der Wurst, der Qualität des verarbeiteten Materials sowie den verwendeten Gewürzen und Zutaten. Anschließend werden die Schinkenplockwürste hängend in einem dunklen, kühlen und luftigen Raum gelagert.

## 42. Hausmacher - Mettwurst

**Material für 5 kg Masse:**

3,5 kg Schweineunterschale, gut gekühlt
1,5 kg Rückenspeck vom Schwein, gefroren

**Gewürze und Zutaten je kg Masse:**

26 g Nitritpökelsalz
3,0 g schwarzer Pfeffer
2,0 g Zucker
2,0 g Senfkörner
0,3 g Kümmel
0,2 g Zwiebelpulver

**Herstellung:**
Die in Stücke geschnittene Schweineunterschale und die Rückenspeckscheiben nacheinander durch die 3mm - Scheibe des Wolfes lassen.
Danach die Gewürze und Zutaten zugeben und die Masse gut vermengen.
Anschließend wird sie in möglichst luftfreie Ballen geworfen und in Rinderkranzdärme abgefüllt.
Sollte die Temperatur der Mettwurstmasse während dieses Arbeitsschrittes auf über 4°C ansteigen, muss sie wieder herunter gekühlt werden.
Nach dem Füllen hängt man die einzeln abgebundenen Würste zum Umröten in einen 15°C - 20°C temperierten Raum mit guter Belüftung und einer Luftfeuchtigkeit von 85% - 90%.
Wenn das Wurstgut rosarot durch den Darm scheint werden die Würste solange kalt geräuchert, bis sie eine schöne rotbraune Farbe angenommen haben.
Die Räucherdauer kann zwischen einem und mehreren Tagen betragen.
Anschließend werden die Hausmacher - Mettwürste hängend in einem dunklen, kühlen und luftigen Raum gelagert.

## 43. Knoblauchmettwurst

**Material für 5 kg Masse:**

2,0 kg magere Schweineschulter, gut gekühlt
1,5 kg Rinderschulter, gut gekühlt
1,5 kg Schulterspeck vom Schwein, gefroren

**Gewürze und Zutaten je kg Masse:**

26 g Nitritpökelsalz
0,3 g Salpeter
3,0 g Zucker
3,0 g schwarzer Pfeffer
½ Knoblauchzehe

**Herstellung:**
Das in Stücke geschnittene Fleisch durch die 5mm - Scheibe und die Schulterspeckscheiben durch die 3mm - Scheibe des Wolfes lassen.
Danach die Gewürze und Zutaten zugeben und die Masse gut vermengen.
Anschließend wird sie in möglichst luftfreie Ballen geworfen und in Rinderkranzdärme abgefüllt.
Sollte die Temperatur der Mettwurstmasse während dieses Arbeitsschrittes auf über 4°C ansteigen, muss sie wieder herunter gekühlt werden.
Nach dem Füllen hängt man die einzeln abgebundenen Ringe zum Umröten in einen 15°C - 20°C temperierten Raum mit guter Belüftung und einer Luftfeuchtigkeit von 85% - 90%.
Wenn das Wurstgut rosarot durch den Darm scheint werden die Mettwürste solange kalt geräuchert, bis sie eine schöne rotbraune Farbe angenommen haben.
Die Räucherdauer kann zwischen einem und mehreren Tagen betragen.
Anschließend werden die Knoblauchmettwürste hängend in einem dunklen, kühlen und luftigen Raum gelagert.

## 44. Hausschlachtebratwurst mit Senfkörnern

**Material für 5 kg Masse:**

| | | |
|---|---|---|
| 2,5 | kg | Schweineschulter, gut gekühlt |
| 1,0 | kg | magerer Schweinebauch, gut gekühlt |
| 1,5 | kg | Nackenspeck vom Schwein, gut gekühlt |

**Gewürze und Zutaten je kg Masse:**

| | | |
|---|---|---|
| 26 | g | Nitritpökelsalz |
| 2,0 | g | Zucker |
| 2,0 | g | weißer Pfeffer |
| 4,0 | g | Senfkörner |

## 45. Hausschlachtebratwurst mit Knoblauch

**Material für 5 kg Masse:**

| | | |
|---|---|---|
| 3,0 | kg | Schweinenacken, gut gekühlt |
| 0,5 | kg | magere Schweineschulter, gut gekühlt |
| 1,5 | kg | Nackenspeck vom Schwein, gut gekühlt |

**Gewürze und Zutaten je kg Masse:**

| | | |
|---|---|---|
| 26 | g | Nitritpökelsalz |
| 2,0 | g | Zucker |
| 2,0 | g | weißer Pfeffer |
| ½ | | Knoblauchzehe, gepresst |

**Herstellung:**
Das in Stücke geschnittene Material durch die 4mm - Scheibe des Wolfes lassen und gut mit den Gewürzen und Zutaten vermengen.
Die Masse in Kranzdärme füllen und die einzeln abgebunden Ringe dann 2 Tage zum Umröten in einen 15°C - 20°C temperierten Raum mit guter Belüftung und einer Luftfeuchtigkeit von 85% - 90% hängen.
Anschließend werden die Hausschlachtebratwürste mit Senfkörnern und mit Knoblauch 2 Tage bei max. 20°C kalt geräuchert.

## 46. Knacker

| **Material für 5 kg Masse:** | | |
|---|---|---|
| 1,7 | kg | magere Schweineschulter, gut gekühlt |
| 1,3 | kg | Rinderschulter, gut gekühlt |
| 2,0 | kg | Schweinebauch ohne Schwarte, gut gekühlt |

| **Gewürze und Zutaten je kg Masse:** | | |
|---|---|---|
| 26 | g | Nitritpökelsalz |
| 2,0 | g | weißer Pfeffer |
| 2,0 | g | Zucker |
| 0,5 | g | Paprikapulver |
| 0,3 | g | Kümmel |

## 47. Pfefferknacker

| **Material für 5 kg Masse:** | | |
|---|---|---|
| 4,0 | kg | durchwachsene Schweineschulter, gut gekühlt |
| 1,0 | kg | Rückenspeck vom Schwein, gut gekühlt |

| **Gewürze und Zutaten je kg Masse:** | | |
|---|---|---|
| 26 | g | Nitritpökelsalz |
| 3,0 | g | Zucker |
| 3,0 | g | Pfefferkörner |
| 2,0 | g | weißer Pfeffer |

**Herstellung:**
Das in Stücke geschnittene Material durch die 3mm - Scheibe des Wolfes lassen, gut mit den Gewürzen und Zutaten vermengen, in Schweinssaitlinge füllen und paarweise Würstchen von je 100g abdrehen. Die Knacker und Pfefferknacker dann 2 Tage zum Umröten in einen 15°C - 20°C temperierten Raum mit guter Belüftung und einer Luftfeuchtigkeit von 85% - 90% hängen und anschließend 2 Tage bei max. 20°C kalt räuchern. Knacker werden in der Regel vor dem Verzehr erwärmt und bevorzugt zu Grünkohl gegessen.

## 48. Feine Teewurst

**Material für 5 kg Masse:**

3,2 kg Schweineoberschale, gut gekühlt
1,8 kg fetter Schweinebauch, gut gekühlt

**Gewürze und Zutaten je kg Masse:**

26 g Nitritpökelsalz
4,0 g Zucker
2,0 g weißer Pfeffer
0,5 g Piment
0,3 g Kardamom

**Herstellung:**
Das in Stücke geschnittene Material zweimal durch die 2mm - Scheibe des Wolfes lassen.
Dann die Gewürze und Zutaten zugeben, die Masse gut vermengen,in möglichst luftfreie Ballen werfen und in enge Kranzdärme füllen.
Sollte die Temperatur der Teewurstmasse während dieses Arbeitsschrittes auf über 4°C ansteigen, muss sie wieder herunter gekühlt werden.
Nach dem Füllen hängt man die einzeln abgebundenen Würste für 2 Tage zum Umröten in einen 15°C - 20°C temperierten Raum mit guter Belüftung und einer Luftfeuchtigkeit von 85% - 90%.
Anschließend werden die Teewürste mindestens 2 Tage bei max. 20°C kalt geräuchert und sollten dann ein schönes lachsrotes Aussehen haben.
Bis zum Verzehr müssen die Würste dann möglichst kühl und dunkel gelagert

## 49. Grobe Teewurst

**Material für 5 kg Masse:**

2,5 kg Schweineoberschale, gut gekühlt
1,0 kg Rinderschulter, gut gekühlt
1,5 kg Wammenspeck, gut gekühlt

**Gewürze und Zutaten je kg Masse:**

26 g Nitritpökelsalz
4,0 g Zucker
2,0 g weißer Pfeffer
0,5 g Piment
0,5 g Paprikapulver

**Herstellung:**
Das Material in Stücke schneiden und nacheinander durch die 4mm - Scheibe des Wolfes lassen.
Danach die Gewürze und Zutaten zugeben, die Masse gut vermengen, in möglichst luftfreie Ballen werfen und in enge Kranzdärme füllen.
Sollte die Temperatur der Teewurstmasse während dieses Arbeitsschrittes auf über 4°C ansteigen, muss sie wieder herunter gekühlt werden.
Nach dem Füllen hängt man die einzeln abgebundenen Würste für 2 Tage zum Umröten in einen 15°C - 20°C temperierten Raum mit guter Belüftung und einer Luftfeuchtigkeit von 85% - 90%.
Anschließend werden die Mettwürste mindestens 2 Tage bei max. 20°C kalt geräuchert und sollten dann ein schönes lachsrotes Aussehen haben.
Bis zum Verzehr müssen die Würste dann möglichst kühl und dunkel gelagert werden.

## 50. Zwiebelwurst

**Material für 5 kg Masse:**

2,0 kg magere Schweineschulter, gut gekühlt
1,0 kg Schweinenacken, gut gekühlt
2,0 kg Schweinebauch ohne Schwarte, gut gekühlt

**Gewürze und Zutaten je kg Masse:**

26 g Nitritpökelsalz
2,0 g Zucker
2,0 g weißer Pfeffer
15 g Zwiebeln, roh

**Herstellung:**
Das in Stücke geschnittene Material zusammen mit den Zwiebeln zweimal durch 2mm - Scheibe des Wolfes lassen.
Danach die Gewürze und Zutaten zugeben, die Masse gut vermengen, in möglichst luftfreie Ballen werfen und in enge Kunstdärme füllen.
Sollte die Temperatur der Zwiebelwurstmasse während dieses Arbeitsschrittes auf über 4°C ansteigen, muss sie wieder herunter gekühlt werden.
Nach dem Füllen hängt man die einzelnen abgebundenen Würste solange in einen 15°C - 20°C temperierten Raum mit guter Belüftung und einer Luftfeuchtigkeit von 85% - 90%, bis das Wurstgut rot durch den Darm scheint.
Anschließend werden die Zwiebelwürste hängend in einem dunklen, kühlen und luftigen Raum gelagert.

## BRÜHWÜRSTE

Brühwürste werden aus zerkleinertem Fleisch und Speck hergestellt.

Bei den meisten Sorten erfolgt die anschließende Weiterverarbeitung im Kutter unter Zugabe von Nitritpökelsalz, Gewürzen und Eisschnee.

Die verschiedenen Brühwurstsorten werden entweder während der Herstellung oder kurz vor dem Verzehr gebrüht, gebacken, gebraten oder gegrillt.

Im Unterschied zu anderen Wurstarten bleiben Brühwürste auch bei einem erneuten Erhitzen schnittfest.

### Brühwurstherstellung allgemein

Für die Herstellung von Brühwurst eignet sich am besten das Fleisch von jüngeren Tieren, da es einen hochprozentigen Anteil an Eiweiß besitzt. Dadurch kann es bei entsprechender Verarbeitung große Mengen von Fremdwasser binden.

Verwendet werden können sämtliche Abschnitte vom Schwein und gut entfettete Rindfleischabschnitte.

Eingefrorenes Fleisch sollte möglichst nicht verarbeitet werden, da es aufgrund seines niedrigen ph - Wertes ein sehr schlechtes Wasserbindevermögen besitzt.

Als Fettmaterial für die Brühwurstherstellung sind kerniger, gut entschwarteter Schweinespeck, gut entschwarteter Schweinebauch und Schweinebacken geeignet.

Vor seiner Verarbeitung sollte das Fett über Nacht bei einer Temperatur zwischen -1°C bis +1°C gut durchgekühlt werden. Dadurch wird ein späteres Schmieren während des Kuttervorganges verhindert.

Bei der Herstellung von Brühwurst unterscheidet man zwischen der Warm- und Kaltfleischverarbeitung.

## Warmfleischverarbeitung

Hierbei entfernt man unmittelbar nach dem Schlachten alle Knochen, Sehnen und Fettteile vom Magerfleisch, schneidet es in Stücke und vermischt es je Kilogramm mit 26g Nitritpökelsalz und 3,0 g Rohrzucker.

Dann wird es durch die 2mm - Scheibe des Wolfes gelassen und 1 - 2 Runden im langsamen Gang gekuttert.

Anschließend drückt man die Masse flach in Aluminiumbehälter und stellt sie über Nacht zum Durchröten in einen 6°C - 8°C kühlen Raum.

Am Herstellungstag erfolgt die Weiterverarbeitung mit dem gut gekühlten Fettmaterial.

Die Verarbeitung von schlachtwarmem Fleisch ist für die Brühwurstherstellung am günstigsten, da es das höchste Wasser- und Fettbindevermögen besitzt.

## Kaltfleischverarbeitung

Da schlachtwarmes Fleisch seltener zur Verfügung steht, verarbeitet man bei der Brühwurstherstellung meistens Kaltfleisch.

Dafür wird frisches, gekühltes Magerfleisch zunächst in Stücke geschnitten, dann durch die 2mm - Scheibe des Wolfes gelassen und anschließend mit dem gut gekühltem Fettmaterial weiterverarbeitet.

## Kuttern

Das je nach Verarbeitungsmethode vorbereitete, gut gekühlte Magerfleisch wird unter Zugabe der Gewürze und Zutaten solange im langsamen Gang gekuttert, bis die Temperatur der Masse 0°C beträgt.

Dann gibt man langsam 2/3 des Eisschnees dazu und kuttert das Brät bindig. Dabei sollte die Temperatur von 3°C nicht überschritten werden.

Danach wird der gut gekühlte, zuvor gewolfte Speck langsam untergekuttert, der restliche Eisschnee zugegeben und das Brät im schnellsten Gang bis zur Temperatur von 10°C fertig gekuttert.

Anschließend lässt man es noch solange im langsamen Gang laufen, bis die Brättemperatur auf 12°C angestiegen ist. Dadurch kann überschüssige Luft entweichen und spätere Fehler in der fertigen Wurst werden vermieden.

Bratwürste für den Grill oder die Pfanne sind die einzigen Brühwürste, die sowohl im Kutter als auch mit dem Fleischwolf hergestellt werden können. Genauere Erklärungen finden sich in den entsprechenden Rezepten.

## Abfüllen

Nach dem Wolfen oder Kuttern erfolgt die Abfüllung des Bräts in die der jeweiligen Brühwurstsorte entsprechenden Därme.

Bockwürste, Wiener Würstchen und Bratwürste werden in Saitlinge, Fleisch- und Knackwürste in Kranzdärme gefüllt.

Für Brühwurstsorten mit größerem Kaliber wie Jagdwurst, Schinkenwurst und Mortadella, eignen sich Rindermitteldärme oder Rinderbutten.

Das Einfüllen darf nicht zu fest geschehen, da der Darm während des Brühvorganges einschrumpft.

## Trocknen / Räuchern / Brühen

Brühwürstchen wie Bockwürste und Wiener Würstchen lässt man nach dem Füllen kurz abtrocknen und hängt sie danach für 60 Minuten bei einer Temperatur von 60°C - 70°C in den Heißrauch.

Dann werden sie 15 Minuten in 70°C heißem Wasser gebrüht und anschließend ca. 10 Minuten zum Abkühlen in kaltes Wasser gelegt. Letzteres verhindert auch, das der Darm faltig wird

Alle anderen Brühwurstsorten werden einige Stunden vorgetrocknet und danach solange heiß geräuchert, bis sie die gewünschte Farbe angenommen haben.
Bei Sorten mit größerem Wurstkaliber kann der Räuchervorgang 2 - 3 Stunden dauern.

Anschließend werden die Würste in 75°C - 78°C heißem Wasser gebrüht, wobei sich auch hier die Dauer nach dem Wurstkaliber richtet.

Sorten mit kleinerem Kaliber wie Fleisch- und Knackwurst müssen ca. 90 Minuten und Sorten mit größerem Kaliber wie Jagdwurst und Mortadella ca. 2 bis 2 ½ Stunden gebrüht werden.

Nach dem Brühen wäscht man die Würste mit lauwarmem Wasser ab und lässt sie dann auf angefeuchteten Metalltischen erkalten.

Auch hierbei bilden die Bratwürste für den Grill oder die Pfanne wieder die Ausnahme, denn sie werden nach dem Füllen weder getrocknet, geräuchert oder gebrüht. Ihre Erhitzung erfolgt kurz vor dem Verzehr.

Prinzipiell darf aber die Lagertemperatur aller Brühwurstsorten nicht mehr als 4°C betragen.

## HERSTELLUNG VON KÄSEBRATWÜRSTEN

**Vorgeschnittenes Material**

**Zugabe der Gewürze und Zutaten**

**Alles gut vermengen**

**Wolfen des Materials**

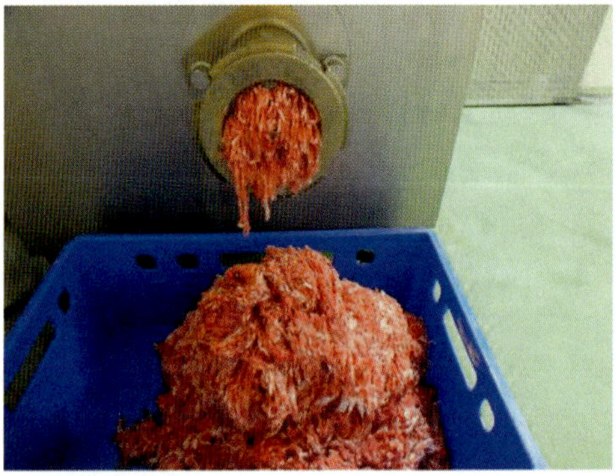

**Zugabe des geriebenen Käses**

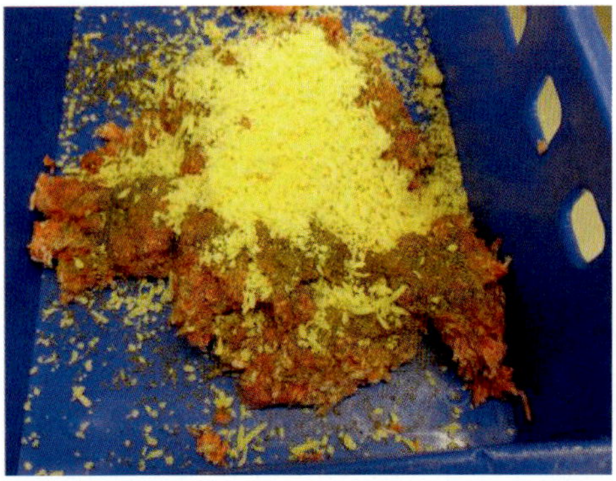

**Die Masse wieder gut vermengen**

## HERSTELLUNG VON KÄSEBRATWÜRSTEN

Die gewässerten Därme

Aufziehen der Därme auf die Tülle

Bratwurstmasse im Wurstfüller

Füllen der Masse in Därme

Abdrehen der einzelnen Würste

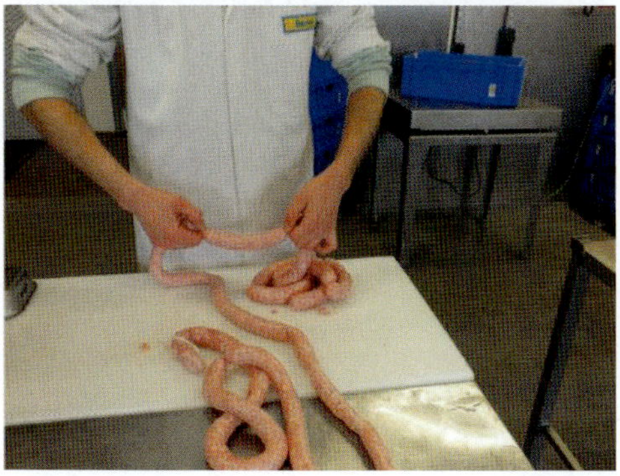

Die fertigen Käsebratwürste

## 51. Wiener Würstchen

**Material für 5 kg Masse:**

| | | |
|---|---|---|
| 1,7 | kg | Rinderschulter, gekühlt |
| 1,3 | kg | magere Schweineschulter, gekühlt |
| 1,4 | kg | Rückenspeck vom Schwein, gut durchgekühlt |
| 0,6 | kg | Eisschnee |

**Gewürze und Zutaten je kg Masse:**

| | | |
|---|---|---|
| 24 | g | Nitritpökelsalz |
| 2,0 | g | weißer Pfeffer |
| 0,5 | g | Macis |
| 0,5 | g | Paprikapulver |

**Herstellung:**
Die Rinder- und Schweineschulter in Stücke schneiden, durch die 2mm - Scheibe des Wolfes lassen und unter Zugabe der Gewürze und Zutaten solange im langsamen Gang kuttern, bis die Temperatur der Masse 0°C beträgt. Dann gibt man langsam 2/3 des Eisschnees dazu und kuttert das Brät bindig. Dabei sollte die Temperatur von 3°C nicht überschritten werden. Danach wird der gut gekühlte, zuvor durch die 3mm - Scheibe gewolfte Rückenspeck langsam untergekuttert, der restliche Eisschnee zugegeben und das Brät im schnellsten Gang bis zur Temperatur von 10°C fertig gekuttert. Anschließend lässt man es noch solange im langsamen Gang laufen, bis die Brättemperatur auf 12°C angestiegen ist. Dadurch kann überschüssige Luft entweichen und spätere Fehler in der fertigen Wurst werden vermieden.
Die Masse dann in Schafssaitlinge füllen, paarweise Würstchen von je 50g abdrehen, kurz abtrocknen lassen und eine Stunde bei 60°C - 70°C heiß räuchern. Danach werden sie 15 Minuten in 70°C heißem Wasser gebrüht und anschließend ca. 10 Minuten zum Abkühlen in kaltes Wasser gelegt. Letzteres verhindert auch, das der Darm faltig wird.
Wenn die Wiener Würstchen abgekühlt sind, werden sie einige Stunden zum Trocknen aufgehängt und dann bei max. 4°C gelagert.

## 52. Bouillonwürstchen

**Material für 5 kg Masse:**

| | | |
|---|---|---|
| 2,0 | kg | Schweineschulter, gekühlt |
| 1,5 | kg | durchwachsener Schweinebauch, gekühlt |
| 0,9 | kg | Schulterspeck vom Schwein, gut durchgekühlt |
| 0,6 | kg | Eisschnee |

**Gewürze und Zutaten je kg Masse:**

| | | |
|---|---|---|
| 24 | g | Nitritpökelsalz |
| 2,0 | g | weißer Pfeffer |
| 2,0 | g | Paprikapulver |
| 0,5 | g | Koriander |
| 0,5 | g | Macis |
| 0,3 | g | Ingwer |

**Herstellung:**
Die Schulter und den Bauch in Stücke schneiden, durch die 3mm - Scheibe des Wolfes lassen und unter Zugabe der Gewürze und Zutaten solange im langsamen Gang kuttern, bis die Temperatur der Masse 0°C beträgt.
Dann gibt man langsam 2/3 des Eisschnees dazu und kuttert das Brät bindig.
Dabei sollte die Temperatur von 3°C nicht überschritten werden.
Danach wird der gut gekühlte, zuvor durch die 3mm - Scheibe gewolfte Schulterspeck langsam untergekuttert, der restliche Eisschnee zugegeben und das Brät im schnellsten Gang bis zur Temperatur von 10°C fertig gekuttert.
Anschließend lässt man es noch solange im langsamen Gang laufen, bis die Brättemperatur auf 12°C angestiegen ist. Dadurch kann überschüssige Luft entweichen und spätere Fehler in der fertigen Wurst werden vermieden.
Die Masse dann in Schafssaitlinge füllen, paarweise Würstchen von je 90g abdrehen, kurz abtrocknen lassen und eine Stunde bei 60°C - 70°C heiß räuchern. Danach werden sie 15 Minuten in 70°C heißem Wasser gebrüht und anschließend ca. 10 Minuten zum Abkühlen in kaltes Wasser gelegt.
Letzteres verhindert auch, das der Darm faltig wird.
Wenn die Boillonwürste abgekühlt sind, werden sie einige Stunden zum Trocknen aufgehängt und dann bei max. 4°C gelagert.

## 53. Bockwurst

**Material für 5 kg Masse:**

2,4 kg fetter Schweinenacken, gekühlt
1,5 kg Rinderschulter, gekühlt
0,5 kg Schweinebauch, gut durchgekühlt
0,6 kg Eisschnee

**Gewürze und Zutaten je kg Masse:**

24 g Nitritpökelsalz
2,0 g weißer Pfeffer
1,0 g Muskat
0,3 g Knoblauchpulver

**Herstellung:**
Den Schweinenacken und die Rinderschulter in Stücke schneiden, durch die 2mm - Scheibe des Wolfes lassen und unter Zugabe der Gewürze und Zutaten solange im langsamen Gang kuttern, bis die Temperatur der Masse 0°C beträgt. Dann gibt man langsam 2/3 des Eisschnees dazu und kuttert das Brät bindig. Dabei sollte die Temperatur von 3°C nicht überschritten werden. Danach wird der gut gekühlte, zuvor durch die 3mm - Scheibe gewolfte Schweinebauch langsam untergekuttert, der restliche Eisschnee zugegeben und das Brät im schnellsten Gang bis zur Temperatur von 10°C fertig gekuttert. Anschließend lässt man es noch solange im langsamen Gang laufen, bis die Brättemperatur auf 12°C angestiegen ist. Dadurch kann überschüssige Luft entweichen und spätere Fehler in der fertigen Wurst werden vermieden. Die Masse dann in Schweinssaitlinge füllen, einzelne Würstchen von je 100g abdrehen, kurz abtrocknen lassen und eine Stunde bei 60°C - 70°C heiß räuchern. Danach werden sie 20 Minuten in 70°C heißem Wasser gebrüht und anschließend ca. 10 Minuten zum Abkühlen in kaltes Wasser gelegt. Letzteres verhindert auch, das der Darm faltig wird.
Wenn die Bockwürste abgekühlt sind, werden sie einige Stunden zum Trocknen aufgehängt und dann bei max. 4°C gelagert.

## 54. Schinkenbockwurst

**Material für 5 kg Masse:**

| | | |
|---|---|---|
| 2,2 | kg | Schweineschinken, gekühlt |
| 0,9 | kg | Rinderschulter, gekühlt |
| 1,3 | kg | Nackenspeck vom Schwein, gut durchgekühlt |
| 0,6 | kg | Eisschnee |

**Gewürze und Zutaten je kg Masse:**

| | | |
|---|---|---|
| 24 | g | Nitritpökelsalz |
| 3,0 | g | weißer Pfeffer |
| 1,0 | g | Macis |
| 0,3 | g | Koriander |
| ½ | | Knoblauchzehe |

**Herstellung:**
Den Schweineschinken und die Rinderschulter in Stücke schneiden, durch die 2mm - Scheibe des Wolfes lassen und unter Zugabe der Gewürze und Zutaten solange im langsamen Gang kuttern, bis die Temperatur der Masse 0°C beträgt. Dann gibt man langsam 2/3 des Eisschnees dazu und kuttert das Brät bindig. Dabei sollte die Temperatur von 3°C nicht überschritten werden. Danach wird der gut gekühlte, zuvor durch die 3mm - Scheibe gewolfte Nackenspeck langsam untergekuttert, der restliche Eisschnee zugegeben und das Brät im schnellsten Gang bis zur Temperatur von 10°C fertig gekuttert. Anschließend lässt man es noch solange im langsamen Gang laufen, bis die Brättemperatur auf 12°C angestiegen ist. Dadurch kann überschüssige Luft entweichen und spätere Fehler in der fertigen Wurst werden vermieden.
Die Masse dann in Schweinssaitlinge füllen, einzelne Würstchen von je 100g abdrehen, kurz abtrocknen lassen und eine Stunde bei 60°C - 70°C heiß räuchern. Danach werden sie 20 Minuten in 70°C heißem Wasser gebrüht und anschließend ca. 10 Minuten zum Abkühlen in kaltes Wasser gelegt. Letzteres verhindert auch, das der Darm faltig wird.
Wenn die Schinkenbockwürste abgekühlt sind werden sie einige Stunden zum Trocknen aufgehängt und dann bei max. 4°C gelagert.

## 55. Knobländer

**Material für 5 kg Masse:**

1,5 kg Rinderschulter, gekühlt
1,5 kg Schweineschulter, gekühlt
1,4 kg Rückenspeck vom Schwein, gekühlt
0,6 kg Eisschnee

**Gewürze und Zutaten je kg Masse:**

24 g Nitritpökelsalz
2,0 g schwarzer Pfeffer
1,0 g Paprikapulver
0,3 g Macis
0,3 g Ingwer
½ Knoblauchzehe, gepresst

**Herstellung:**
Die Rinder- und Schweineschulter in Stücke schneiden, durch die 2mm - Scheibe des Wolfes lassen und unter Zugabe der Gewürze und Zutaten solange im langsamen Gang kuttern, bis die Temperatur der Masse 0°C beträgt. Dann gibt man langsam 2/3 des Eisschnees dazu und kuttert das Brät bindig. Dabei sollte die Temperatur von 3°C nicht überschritten werden. Danach wird der gut gekühlte, zuvor durch die 3mm - Scheibe gewolfte Rückenspeck langsam untergekuttert, der restliche Eisschnee zugegeben und das Brät im schnellsten Gang bis zur Temperatur von 10°C fertig gekuttert. Anschließend lässt man es noch solange im langsamen Gang laufen, bis die Brättemperatur auf 12°C angestiegen ist. Dadurch kann überschüssige Luft entweichen und spätere Fehler in der fertigen Wurst werden vermieden.
Die Masse dann in Schweinssaitlinge füllen, einzelne Würstchen von 120g abdrehen, kurz abtrocknen lassen und eine Stunde bei 60°C - 70°C heiß räuchern. Danach werden sie 30 Minuten in 70°C heißem Wasser gebrüht und anschließend ca. 10 Minuten zum Abkühlen in kaltes Wasser gelegt. Letzteres verhindert auch, das der Darm faltig wird. Wenn die Knobländer abgekühlt sind werden sie einige Stunden zum Trocknen aufgehängt und dann bei max. 4°C gelagert.

### 56. Schmorwurst

**Material für 5 kg Masse:**

2,7 kg Schweineschulter
1,5 kg fetter Schweinebauch
0,8 kg Schweinebacken

**Gewürze und Zutaten je kg Masse:**

22 g Salz
2,0 g schwarzer Pfeffer
0,6 g Kümmel, gemahlen

### 57. Rostbratwurst

**Material für 5 kg Masse:**

2,5 kg Schweineschulter
0,5 kg Schweineoberschale
2,0 kg Schweinebacken

**Gewürze und Zutaten je kg Masse:**

24 g Salz
2,0 g schwarzer Pfeffer
0,5 g Muskatnuss

**Herstellung:**
Das gekühlte Material in Stücke schneiden, mit den jeweiligen Gewürzen vermischen und durch die 3mm - Scheibe des Wolfes lassen.
Die Masse gut durchmengen, in Schweinssaitlinge füllen und einzelne Würstchen von je 100g abdrehen.
Vor dem Verzehr werden die Schmor- und Rostbratwürste gebraten oder gegrillt.

### 58. Rindfleisch - Bratwurst

**Material für 5 kg Masse:**

| | | |
|---|---|---|
| 2,5 | kg | Rinderschulter |
| 2,5 | kg | fetter Schweinebauch |

**Gewürze und Zutaten je kg Masse:**

| | | |
|---|---|---|
| 22 | g | Salz |
| 2,0 | g | weißer Pfeffer |
| 1,0 | g | geriebene Zitronenschale |
| 0,3 | g | Macis |
| 1 | | Ei (auf die gesamte Masse) |

### 59. Käsebratwurst

**Material für 5 kg Masse:**

| | | |
|---|---|---|
| 3,0 | kg | Schweinenacken |
| 1,7 | kg | fetter Schweinebauch |
| 0,3 | kg | geriebener Gouda |

**Gewürze und Zutaten je kg Masse:**

| | | |
|---|---|---|
| 22 | g | Salz |
| 3,0 | g | weißer Pfeffer |
| 0,5 | g | Macis |
| 0,3 | g | Koriander |

**Herstellung:**
Das gekühlte Material in Stücke schneiden, mit den jeweiligen Gewürzen vermischen und zweimal durch die 2mm - Scheibe des Wolfes lassen.
Die Rindfleisch - Bratwurstmasse dann gut mit den Eiern, die Käsebratwurstmasse gut mit dem geriebenen Gouda vermengen und anschließend in Schweinssaitlinge füllen. Anschließend werden einzelnen Würstchen von je 100g abgedreht, die man entweder gebraten oder gegrillt verzehrt.

## 60. Grobe Bratwurst

**Material für 5 kg Masse:**

| | | |
|---|---|---|
| 2,5 | kg | Schweineunterschale |
| 2,5 | kg | fetter Schweinebauch |

**Gewürze und Zutaten je kg Masse:**

| | | |
|---|---|---|
| 23 | g | Salz |
| 3,0 | g | Pfeffer, gemahlen |
| 0,5 | g | Kümmel |
| 0,5 | g | Majoran |

## 61. Thüringer Bratwurst

**Material für 5 kg Masse:**

| | | |
|---|---|---|
| 2,5 | kg | Schweineschulter |
| 0,5 | kg | Kalbsschulter |
| 2,0 | kg | Schweinebacken |

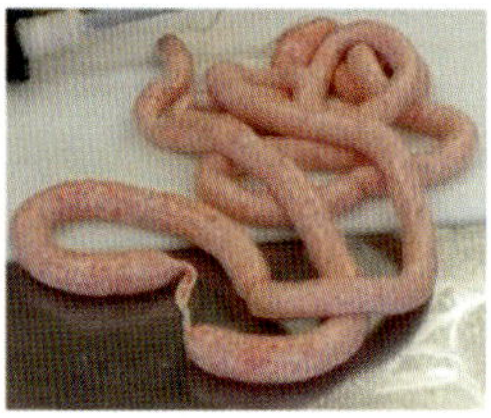

**Gewürze und Zutaten je kg Masse:**

| | | |
|---|---|---|
| 23 | g | Salz |
| 3,0 | g | Pfeffer |
| 0,5 | g | Majoran |
| 0,5 | g | Kümmel |

**Herstellung:**
Das gekühlte Material in Stücke schneiden und mit den jeweiligen Gewürzen vermischen.
Danach lässt man es für die Grobe Bratwurst durch die 5mm - Scheibe und für die Thüringer Bratwurst durch die 2mm - Scheibe des Wolfes.
Anschließend werden die Bratwurstmassen gut durchgemengt, in Schweinssaitlinge gefüllt und einzelne Würstchen von je 100g abgedreht.
Vor dem Verzehr werden die Groben und Thüringer Bratwürste gebraten oder gegrillt.

## SCHINKEN

Als Schinken im eigentlichen Sinn wird eine ganze Schweinekeule bezeichnet oder deren Fleischteile nach der Zerlegung in Oberschale, Unterschale, Hüfte und Nuss.

Allgemein versteht man darunter gepökeltes, geräuchertes oder getrocknetes Fleisch verschiedener Tierarten.

## PÖKELN

Pökeln ist ein Verfahren der Fleischkonservierung.

Durch das Eindringen von Pökelstoffen wird das Fleisch haltbar gemacht, umgerötet und erhält sein typisches Aroma.

Man unterscheidet drei Pökelarten:

- die Trockenpökelung
- die Lakepökelung und
- die Spritzpökelung

## Trockenpökelung

Bei der Trockenpökelung reibt man das Fleisch dick mit Nitritpökelsalz oder einer Mischung aus Salz und Salpeter ein.

Danach werden die einzelnen Stücke mit der Schwartenseite nach unten dicht nebeneinander in ein geeignetes Pökelgefäß gelegt und bei größeren Mengen anschließend übereinander geschichtet.

Zwischen die jeweiligen Fleischschichten wird dann wieder dick Pökelsalz gestreut und das Fleisch, je nach Gewicht, mehrere Tage oder Wochen in einen ca. 5°C kühlen Raum gestellt.

Die sich dabei bildende Eigenlake muss abgelassen werden.

Während des Pökelvorgangs sollten Fleischstücke bis zu einem Gewicht von 5 kg zwei Mal und schwerere Stücke mindestens vier Mal gewendet werden.

Dafür legt man die einzelnen Schinken dann in umgekehrter Reihenfolge in ein zweites Pökelgefäß und streut wieder Pökelsalz zwischen die einzelnen Schichten.

Die Pökeldauer ist vom Gewicht und Zuschnitt des Fleisches abhängig und beträgt je Kilogramm ca. 4 Tage.

Nach dem Pökeln verbleiben die Schinken noch einige Tage zum so genannten „Durchbrennen“ im Pökelraum.

Durch diesen Prozess wird eine gleichmäßige Salzverteilung im gesamten Pökelgut erreicht, die zur gewünschten Umrötung und einer festeren Konsistenz führt.

## Lakepökelung

Bei der Lakepökelung wird das Fleisch mit einer Salzlake übergossen, die aus Wasser und Nitritpökelsalz besteht. Zehn Liter 12%ige Lake werden beispielsweise aus 8,8 Liter Wasser und 1,2 kg Nitritpökelsalz hergestellt.

Je größer der Schinken ist, umso höher muss die Salzkonzentration sein.

Gewürze für eine Gewürzlake werden ganz nach Geschmack und regionalen Geflogenheiten zugesetzt. Üblich sind Pfeffer, Koriander, Lorbeer, Ingwer, Knoblauch und Wacholderbeeren.

Die Dauer der Pökelung richtet sich nach dem Gewicht des Fleisches, nach dem Salzgrad der Lake und danach, welcher Geschmack erzielt werden soll.
Je Kilogramm Fleisch beträgt sie ca. 2 Tage.

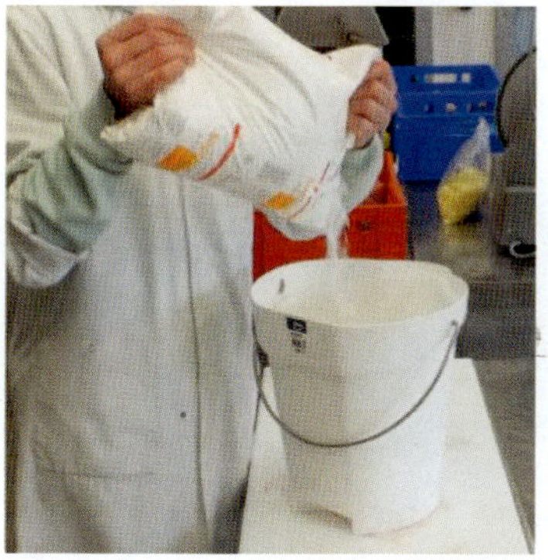

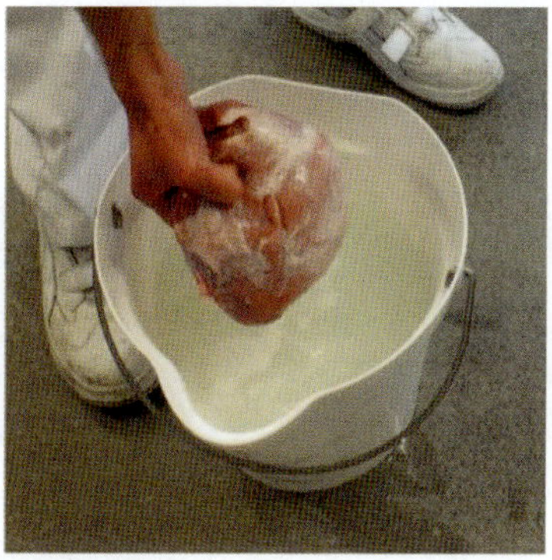

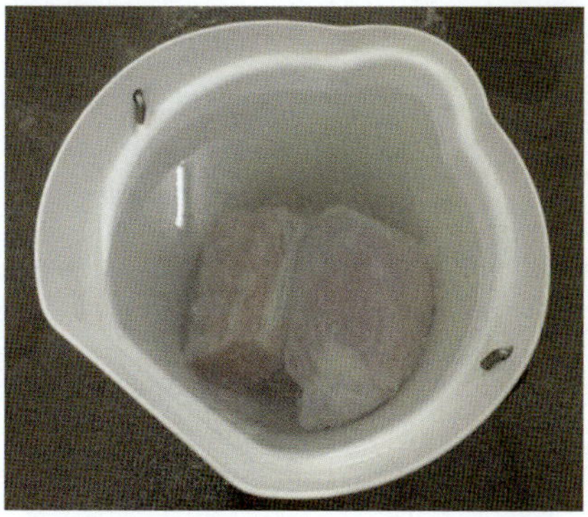

## Spritzpökelung

Bei der Spritzpökelung wird die Salzlake mit Hilfe einer Lakespritze in Abständen von 5cm direkt in das Fleisch gespritzt.

Die Menge der Lake sollte dabei ca. 20% des Fleischgewichts betragen.

Durch diese Art des Pökelns wird die Dauer des Pökelvorgangs zwar erheblich verkürzt, jedoch die Haltbarkeit des Fleisches nicht sonderlich verlängert.

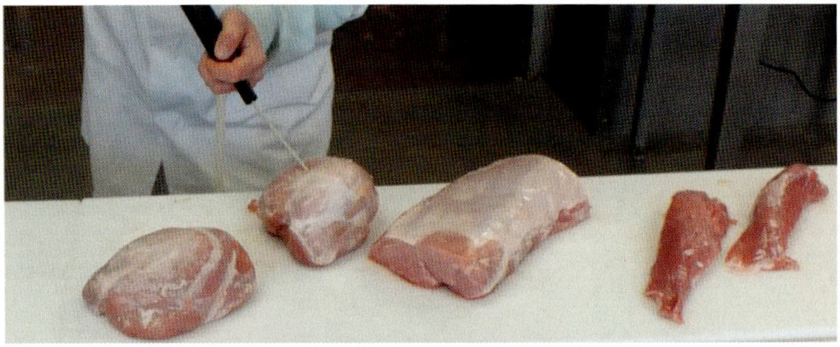

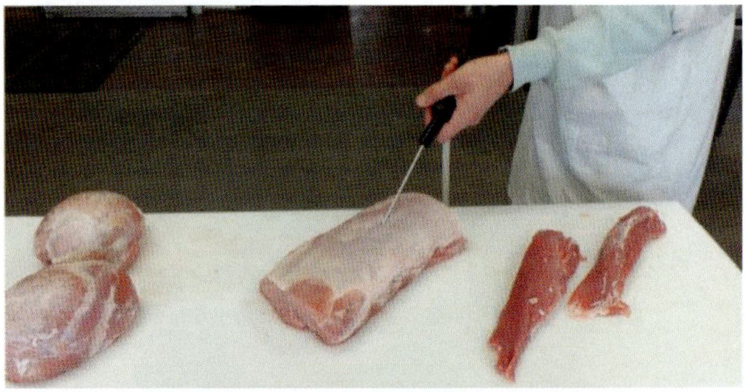

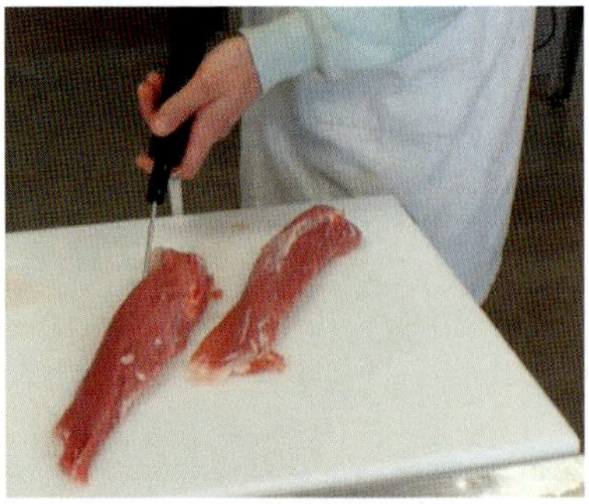

# PÖKELUTENSILIEN

## Pökelgefäße

Als Pökelgefäße eignen sich alle Gefäße aus Plastik. Für kleinere Fleischstücke ist ein haushaltsüblicher Plastikeimer ausreichend, für größere Fleischstücke ein entsprechend großer Bottich.

Gefäße aus Emaille oder Edelstahl sollten nicht verwendet werden, da sie den Geschmack des Fleisches negativ beeinflussen.

## Pökelraum

Im Pökelraum sollten Temperaturen zwischen 3°C bis 5°C herrschen.

## Abtropfgitter

Für die Herstellung mancher Schinkenarten ist es notwendig, das Fleisch einige Zeit auf Gittern abtropfen zu lassen. Diese Gitter können entweder über den Fachhandel erworben oder in „Eigenregie" hergestellt werden. Die einfachste und kostengünstigste Variante hierbei ist der Einsatz eines Stücks sauberen, rostfreien Maschendrahtzauns, das fest über ein ausreichend großes Abtropfgefäß gespannt wird.

## Trockenraum

Fleischstücke, die nach dem Pökeln geräuchert werden sollen, müssen vorher einige Tage trocknen.

Um das Fleisch aufhängen zu können, zieht man entweder ein in unterschiedlichen Größen erhältliches Schinkennetz darüber oder sticht S-förmige Fleischerhaken bzw. Fleischerband direkt durch ein Endstück.

Für die letztere Methode eignet sich meiner Erfahrung nach am besten eine Spicknadel, in deren aufklappbare Öse ein Stück Fleischerband geklemmt wird.

Die Nadel kann dann sehr einfach durch das Fleisch geführt und die Enden des Bandes gut miteinander verknotet werden.

Anschließend hängt man das Fleischstück in einen kühlen, gut durchlüfteten aber zugfreien Raum.

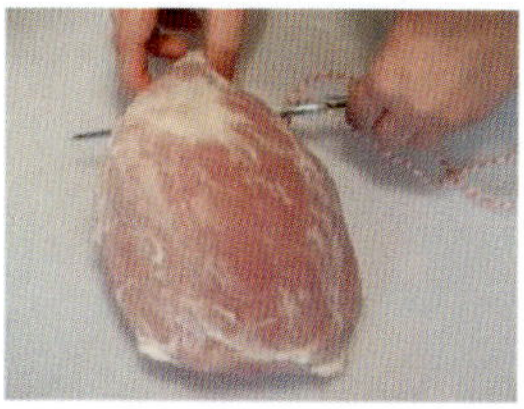
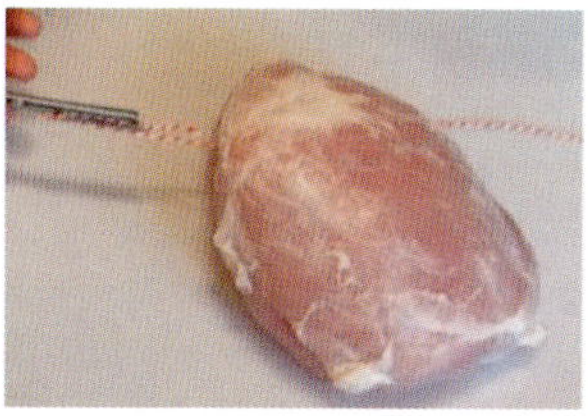
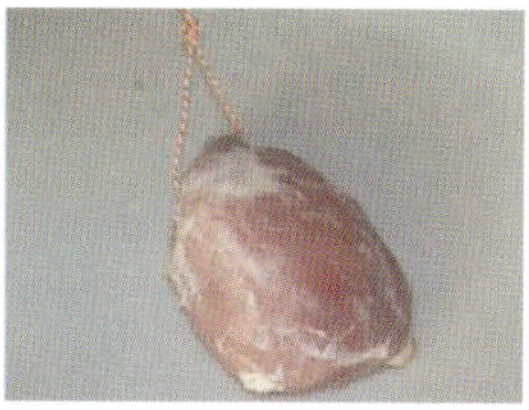

## RÄUCHERN

Ein weiteres Verfahren der Fleischkonservierung ist das Räuchern.

Hierdurch wird der Schinken haltbar gemacht und erhält seinen typischen Geschmack, den Geruch und das Aussehen.

Als Räucherstoffe sollten Harthölzer, wie z.B. Buche und Eiche, verwendet werden, da andere Holzarten die Keimbildung im Fleisch fördern können.

Nur bei sehr wenigen Schinkensorten kommen auch Nadelhölzer als Räucherstoff zum Einsatz.

**Die nachfolgend aufgeführten Holzarten erzeugen folgende Räucherfarben:**

- Buche: hellgelbe Farbe
- Linde oder Ahorn: gelbe Farbe
- Eiche oder Erle: dunkelgelbe bis braune Farbe
- Wacholder: dunkelbraune Farbe
- Nadelholz: schwarzbraune Farbe

Um ein volles und intensives Räucheraroma zu erzielen sollte man mit möglichst niedrigen Räuchertemperaturen arbeiten, für eine ausreichende Sauerstoffzufuhr sorgen und nur wirklich trockenes Holz und Sägemehl verwenden.

Man unterscheidet drei Räucherarten:

- Kalträuchern
- Warmräuchern und
- Heißräuchern

### Kalträuchern

Kalt geräuchert wird bei gleichmäßigen Temperaturen zwischen 15°C und 25°C, die durch das langsame Verglimmen von Sägemehl erreicht werden.

Die Räucherdauer ist abhängig von der Größe des Räucherguts und kann einige Tage bis mehrere Wochen betragen.

Dadurch erhält das Fleisch ein intensiveres Räucheraroma und eine deutlich längere Haltbarkeit als bei den anderen Räucherarten.

## Warmräuchern

Beim Warmräuchern verbrennt man Hartholzscheite und deckt das Feuer anschließend dick und lose mit Sägemehl ab.

Dadurch werden Temperaturen von bis zu 45°C erreicht.

Die Räucherdauer ist abhängig von der Fleischgröße und beträgt 1 - 3 Stunden.

Damit das Räuchergut nicht zu stark austrocknet, muss während des Räuchervorgangs für eine relative Luftfeuchtigkeit von ca. 80% gesorgt werden.

Die Vorteile des Warmräucherns bestehen darin, dass das Räuchergut schnell umrötet und ein gutes Raucharoma erhält.

## Heißräuchern

Heiß geräuchert wird bei Temperaturen von über 45°C, die durch das Abbrennen von Holzscheiten ohne Rauchentwicklung erreicht werden.

Die relative Luftfeuchtigkeit während des Räuchervorgangs sollte 50% bis 60% betragen.

Diese Räucherart eignet sich besonders für Wurstsorten oder Fleischarten, die eine schnelle Umrötung, ein mildes Raucharoma und eine schöne Räucherfarbe erhalten sollen.

# RÄUCHERUTENSILIEN

## Räucherofen

Für die Räucherung kleinerer Fleischstücke, wie z.B. Filets, Lachs- oder Geflügelschinken, ist ein handelsüblicher Räucherofen mit den Mindestmaßen von ca. 120cm Höhe und ca. 40cm Breite vollkommen ausreichend.

**Er sollte aus Edelstahl bestehen und folgende Ausstattung aufweisen:**

- mindestens zwei herausnehmbare Gitter zum Aufhängen der Fleischstücke
- mindestens vier Einschübe in unterschiedlicher Höhe für die Gitter
- einen Glutkasten mit Griff
- eine verstellbare Lüftungsklappe mit integriertem Fliegenschutz in Höhe des Glutkastens
- eine verstellbare Lüftungsklappe mit integriertem Fliegenschutz an der oberen Abdeckung des Ofens
- ein Thermometer

Sollen größere Fleischstücke geräuchert werden, muss die Größe des Räucherofens entsprechend angepasst werden.

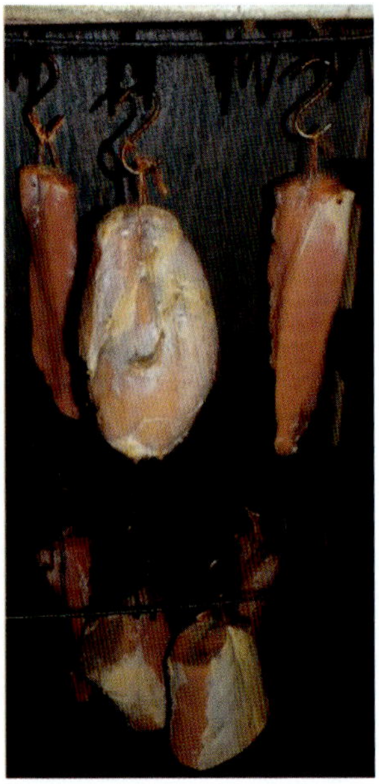

### Säge- oder Räuchermehl

Das Säge- oder Räuchermehl sollte von Harthölzern wie Buche oder Eiche stammen und keine größere Körnung als 3mm aufweisen.

Am besten lässt es sich mit handelsüblichen Kartuschenbrennern, wie sie auch beim Camping verwendet werden, entzünden.

### Fleischerband und S-förmige Fleischerhaken

Fleischerband und S-förmige Fleischerhaken werden zum Aufhängen der Schinken im Räucherofen benötigt.

### Räucherdauer

Auch wenn in den einzelnen Rezepten mehrere Tage Räucherdauer angegeben werden bedeutet dies nicht, dass die Räucherung 24 Stunden am Tag zu erfolgen hat.

Die Räucherdauer pro Tag sollte 8 - 10 Stunden nicht übersteigen und kann auch in zwei bis drei Räuchergängen durchgeführt werden.

Wichtig ist, dass das Fleisch zwischendurch „ruhen“ kann.

Ist man sich nicht sicher, ob der Schinken die gewünschte Räucherstufe erreicht hat, sollte man ihn einfach anschneiden und probieren.

## KNIFFE UND TRICKS BEIM RÄUCHERN

Die zu räuchernden Fleischstücke sind mittels S-förmiger Fleischerhaken oder Fleischerbands so in den Ofen zu hängen, dass sie sich nicht berühren.

Für die Bestückung des Glutkastens mit Räuchermehl gibt es drei Methoden:

### Die U-förmige Methode

Das Räuchermehl U-förmig bis kurz unter den Rand in den Glutkasten füllen, fest andrücken und mittels eines Kartuschenbrenners an der linken oder rechten Ecke ca. 1 - 2 Minuten anzünden.

Dann unter Zuhilfenahme einer Schutzbrille vorsichtig solange pusten, bis eine schöne Glut entstanden ist.

Das Abbrennen des Räuchermehls erfolgt dabei schön gleichmäßig und es ist gewährleistet, dass die Temperatur im Ofen nicht zu schnell ansteigt.

**Tipp!** Sollte das Mehl auch nach mehrmaligen Anzündversuchen nicht glühen oder immer wieder ausgehen, z. B. bei einer zu niedrigen Außentemperatur, kann eine erhitzte Grillkohle mit in den Glutkasten gelegt werden.

## Die Dosenmethode

Eine 750ml - Dose nach Verzehr des Inhaltes gründlich ausspülen, die Etiketten durch Einweichen entfernen und in den Unterboden ein ca. 2cm großes Loch bohren.

Dann einen Stab einführen, der vom Durchmesser her fast so groß wie das Loch und mindestens doppelt so lang wie die Dose ist, das Räuchermehl bis zum Dosenrand einfüllen, durch festes Andrücken gut verdichten und den Stab mit leichten Drehbewegungen wieder vorsichtig herausziehen.

Danach sollte ein Loch bleiben, durch das man hindurch schauen kann.

Danach den Kartuschenbrenner solange unter das Loch des Unterbodens halten (die Flamme „kommt" normalerweise oben wieder heraus), bis alles schön von alleine weiter glimmt und die Dose in den Räucherofen stellen.

Der Vorteil zur U-förmigen Methode besteht darin, dass das Mehl um einiges länger glimmt.

## Die Eierverpackung - Methode

Die obere oder untere Hälfte einer Eierverpackung aus Pappe in den Glutkasten stellen, bis zum Rand locker mit Räuchermehl füllen und eine der schmaleren Seiten mit dem Kartuschenbrenner anzünden.

Die Pappe und das Räuchermehl glühen dann solange gleichmäßig weiter, bis alles abgebrannt ist.

Nachdem ich alle drei Methoden ausprobiert habe, wende ich nur noch diese hier an.

Beim Entzünden der Eierverpackungen gibt es keine Probleme und das Mehl glimmt selbst bei Außentemperaturen von -15°C ca. 3 Stunden lang.

## 62. Wacholderschinken

**Material:**

5,0 kg Schweineunterschalen (ca. 2 Stück)

**Zutaten für die Pökelsalzmischung:**

| | | |
|---|---|---|
| 0,9 | kg | Salz |
| 0,3 | g | Salpeter |
| 24 | g | Rohrzucker |
| 6,0 | g | schwarzer Pfeffer, gemahlen |
| 5,0 | g | Koriander |
| 15 | | Wacholderbeeren, zerstoßen |

**Herstellung:**

Die Schweineunterschalen gut mit der Pökelsalzmischung einreiben und in ein geeignetes Gefäß legen, auf dessen Boden ebenfalls die Pökelsalzmischung gestreut wurde.

Dann stellt man sie 6 Tage in einen ca. 5°C kühlen Raum, wobei sie in dieser Zeit zwei Mal gewendet und erneut mit der Pökelsalzmischung eingerieben werden müssen.

Die sich dabei bildende Eigenlake ist abzugießen.

Nach Ablauf des Pökelvorgangs legt man die Unterschalen auf ein Abtropfgitter und lässt sie 3 Tage im selben Raum durchbrennen.

Die Wacholderschinken danach kurz mit warmem Wasser abwaschen und 2 Tage zum Trocknen in einen kühlen, gut durchlüfteten aber zugfreien Raum hängen.

Anschließend werden sie 5 - 7 Tage bei maximal 20°C kalt geräuchert und sollten dann ein schönes dunkelrotes Aussehen haben.

## 63. Geräuchertes Schweinefilet

**Material:**
3,0 kg Schweinefilets (ca. 12 Stück)

**Zutaten für die Pökellake:**
6,0 L Wasser
0,5 kg Nitritpökelsalz

**Herstellung:**
Das Nitritpökelsalz in einem geeigneten Gefäß solange mit dem Wasser vermischen, bis es sich vollkommen aufgelöst hat.
Dann die Schweinefilets hinein geben und das Pökelgefäß 1 ½ Tage in einen ca. 5°C kühlen Raum stellen. Danach hängt man die Filets 2 Tage zum Trocknen in einen kühlen, gut durchlüfteten aber zugfreien Raum.
Anschließend werden sie 3 - 4 Tage bei maximal 20°C kalt geräuchert.
Danach sollten die Filets ein schönes mittel- bis dunkelrotes Aussehen haben.

## 64. Nussschinken

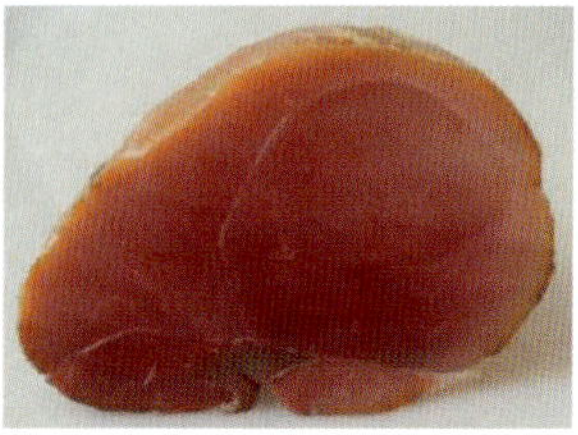

**Material:**
5,0 kg Schweinenüsse (ca. 5 Stück)

**Zutaten für die Pökellake:**
10 L Wasser
1,0 kg Nitritpökelsalz

**Herstellung:**
Zur Herstellung von Nussschinken verwendet man den Teil des Schweineschinkens, der je nach Region als Nuss, Kugel oder auch Maus bezeichnet wird. Das Nitritpökelsalz in einem geeigneten Gefäß solange mit dem Wasser vermischen, bis es sich vollkommen aufgelöst hat.
Dann die Schweinenüsse hinein geben und das Pökelgefäß 3 Tage in einen ca. 5°C kühlen Raum stellen. Danach hängt man sie 2 Tage zum Trocknen in einen kühlen, gut durchlüfteten aber zugfreien Raum.
Anschließend werden sie 5 - 7 Tage bei maximal 20°C kalt geräuchert.
Danach sollten die Nüsse ein schönes mittelbraunes Aussehen haben.

## 65. Lachsschinken

**Material:**
6,0 kg Schweinelachse (ca. 2 Stück)

**Zutaten für die Pökellake:**
12 L Wasser
1,2 kg Nitritpökelsalz

**Herstellung:**
Das Nitritpökelsalz in einem geeigneten Gefäß solange mit dem Wasser vermischen, bis es sich vollkommen aufgelöst hat.
Dann die Schweinelachse hinein geben und das Pökelgefäß 3 Tage in einen ca. 5°C kühlen Raum stellen. Danach hängt man sie 3 Tage zum Trocknen in einen kühlen, gut durchlüfteten aber zugfreien Raum.
Anschließend werden sie 6 - 7 Tage bei maximal 20°C kalt geräuchert und sollten danach ein schönes mittel- bis dunkelrotes Aussehen haben.

## 66. Schinkenspeck

**Material:**
3,0 kg Schweinehüfte

**Zutaten für die Pökellake:**
8,0 L Wasser
0,65 kg Nitritpökelsalz

**Herstellung:**
Das Nitritpökelsalz in einem geeigneten Gefäß solange mit dem Wasser vermischen, bis es sich vollkommen aufgelöst hat.
Dann die Schweinehüfte hinein geben und das Pökelgefäß 3 Tage in einen ca. 5°C kühlen Raum stellen. Danach hängt man sie 3 Tage zum Trocknen in einen kühlen, gut durchlüfteten aber zugfreien Raum.
Anschließend wird der Schinkenspeck 5 - 7 Tage bei maximal 20°C kalt geräuchert und sollte danach ein schönes dunkelrotes Aussehen haben.

## 67. Pfefferschinken

**Material:**

5,0 kg Schweinenüsse (ca. 5 Stück)

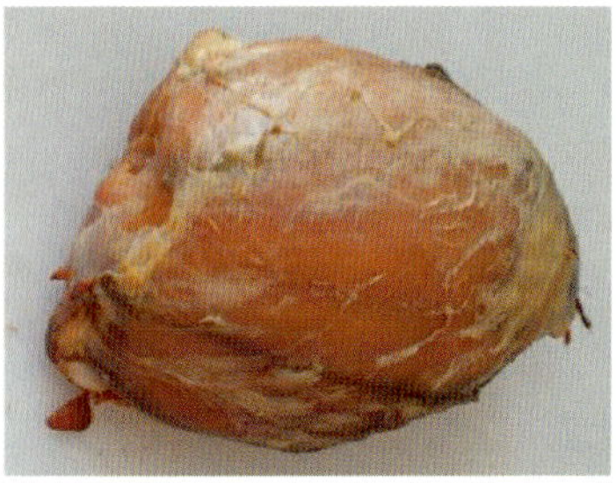

**Zutaten für die Pökelsalzmischung:**

| | | |
|---|---|---|
| 0,9 | kg | Salz |
| 0,3 | g | Salpeter |
| 24 | g | Rohrzucker |
| 20 | g | schwarzer Pfeffer |
| 10 | | zerstoßene Wacholderbeeren |

**Herstellung:**
Die Schweinenüsse gut mit der Pökelsalzmischung einreiben, in ein geeignetes Gefäß legen und 2 Tage in einen ca. 5°C kühlen Raum stellen. Danach die sich gebildete Eigenlake abgießen, das Fleisch erneut mit der Pökelsalzmischung einreiben und weitere 2 Tage pökeln. Der Vorgang wiederholt sich dann noch einmal.
Nach Ablauf der 6 Tage die Nüsse auf ein Abtropfgitter legen und 3 Tage im selben Raum durchbrennen lassen.
Die Pfefferschinken danach kurz mit warmem Wasser abwaschen und 2 Tage zum Trocknen in einen kühlen, gut durchlüfteten aber zugfreien Raum hängen.
Anschließend werden sie 5 - 7 Tage bei maximal 20°C kalt geräuchert und sollten dann ein schönes mittel- bis dunkelrotes Aussehen haben.

## 68. Spaltschinken

**Material:**

5,0 kg Schweineunterschalen (ca. 2 Stück)

**Zutaten für die Pökelsalzmischung:**

| | | |
|---|---|---|
| 0,9 | kg | Nitritpökelsalz |
| 25 | g | Rohrzucker |
| 15 | g | schwarzer Pfeffer |
| 10 | g | Knoblauchpulver |

**Herstellung:**
Die Schweineunterschalen mit der Pökelsalzmischung einreiben, in ein geeignetes Gefäß legen und 6 Tage in einen ca. 5°C kühlen Raum stellen. Nach 3 Tagen muss die sich gebildete Eigenlake abgegossen und die Unterschalen erneut mit der Pökelsalzmischung eingerieben werden.
Nach Ablauf des Pökelvorgangs legt man die Unterschalen auf ein Abtropfgitter und lässt sie 3 Tage im selben Raum durchbrennen.
Die Spaltschinken danach kurz mit warmem Wasser abwaschen und 2 Tage zum Trocknen in einen kühlen, gut durchlüfteten aber zugfreien Raum hängen.
Anschließend werden sie 5 - 7 Tage bei maximal 20°C kalt geräuchert und sollten dann ein schönes dunkelrotes Aussehen haben.

## 69. Geräucherter Schweinebauch

**Material:**
2,0 kg Schweinebauch, zugeschnitten

**Zutaten für die Gewürzlake:**
5,0 L Wasser
0,4 kg Nitritpökelsalz
7,0 g weißer Pfeffer

**Herstellung:**
Die Zutaten für die Gewürzlake gut miteinander verrühren. Den Schweinebauch in ein geeignetes Gefäß legen, mit der Lake übergießen und 2 Tage in einen ca. 5°C kühlen Raum stellen. Danach hängt man ihn 2 Tage zum Trocknen in einen kühlen, gut durchlüfteten aber zugfreien Raum. Anschließend wird der Bauch 3 - 4 Tage bei maximal 20°C kalt geräuchert und sollte dann ein schönes mittelrotes Aussehen haben.

## 70. Kammschinken

**Material:**
5,0 kg Schweinekamm ohne Knochen

**Zutaten für die Gewürzlake:**
15 L Wasser
1,3 kg Salz
0,5 g Salpeter
10 Wacholderbeeren
4 Lorbeerblätter

**Herstellung:**
Die Zutaten für die Gewürzlake gut miteinander verrühren. Die Schweinekämme in ein geeignetes Gefäß legen, mit der Lake übergießen und 4 Tage in einen ca. 5°C kühlen Raum stellen. Danach hängt man sie 3 Tage zum Trocknen in einen kühlen, gut durchlüfteten aber zugfreien Raum. Anschließend werden sie 7 - 9 Tage bei maximal 20°C kalt geräuchert und sollten dann ein schönes dunkelrotes Aussehen haben.

## 71. Geräucherter Speck

**Material:**
2,0 kg Rückenspeck ohne Schwarte

**Zutaten:**
0,2 kg Salz

**Herstellung:**
Den Rückenspeck mit dem Salz einreiben, in ein geeignetes Gefäß legen und 4 Tage in einen ca. 5°C kühlen Raum stellen.
Danach den Speck mit lauwarmem Wasser abwaschen, einen Tag zum Trocknen in einen kühlen, gut durchlüfteten aber zugfreien Raum hängen und 24 Stunden bei maximal 20°C kalt räuchern.

## 72. Keulenschinken

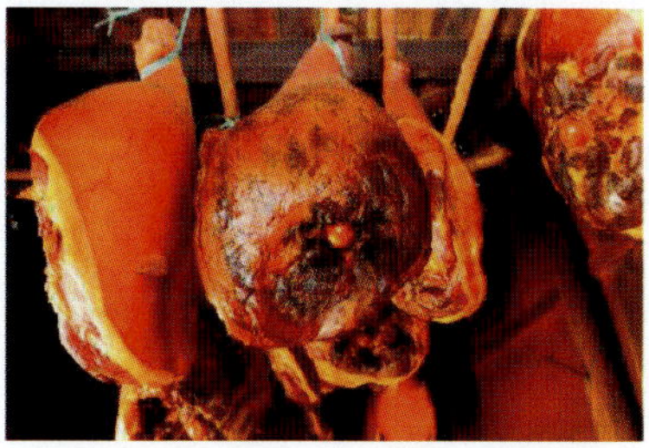

**Material:**
1 Schweinekeule (11 - 13 kg)

**Zutaten für die Gewürzlake:**
30 L Wasser
2,6 kg Nitritpökelsalz
80 g Rohrzucker

**Herstellung:**
Die Zutaten für die Gewürzlake gut miteinander verrühren. Die Schweinekeule in ein geeignetes Gefäß legen, mit der Lake übergießen und 7 Tage in einen ca. 5°C kühlen Raum stellen. Danach hängt man sie 3 Tage zum Trocknen in einen kühlen, gut durchlüfteten aber zugfreien Raum.
Anschließend wird der Keulenschinken 2 - 3 Wochen bei maximal 20°C kalt geräuchert und sollte dann ein schönes dunkelrotes Aussehen haben.

## 73. Rinderschinken

**Material:**
5,0 kg Rinderoberschale ohne Deckel

**Zutaten für die Gewürzlake:**
15 L Wasser
1,2 kg Nitritpökelsalz
60 g Rohrzucker
12 Wacholderbeeren
5 Lorbeerblätter

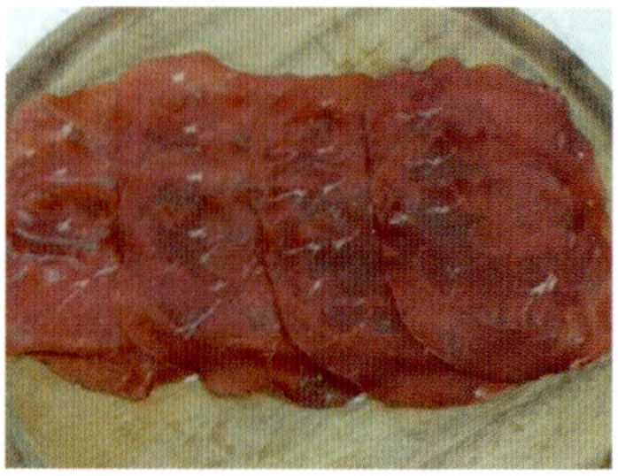

**Herstellung:**
Die Zutaten für die Gewürzlake gut miteinander verrühren. Die Oberschale in ein geeignetes Gefäß legen, mit der Lake übergießen und 6 Tage in einen ca. 5°C kühlen Raum stellen. Dann hängt man das Fleisch 4 Tage zum Trocknen in einen kühlen, gut durchlüfteten aber zugfreien Raum.
Anschließend wird der Rinderschinken 10 - 12 Tage bei maximal 20°C kalt geräuchert und sollte dann ein schönes dunkelrotes Aussehen haben.

## 74. Rinderfiletschinken

**Material:**
4,5 kg Rinderfilets (ca. 3 Stück)

**Zutaten für die Pökellake:**
12 L Wasser
1,0 kg Nitritpökelsalz
50 g Rohrzucker

**Herstellung:**
Die Rinderfilets in ein geeignetes Gefäß legen, mit der Pökellake übergießen und 3 Tage in einen ca. 5°C kühlen Raum stellen.
Dann hängt man sie 2 Tage zum Trocknen in einen kühlen, gut durchlüfteten aber zugfreien Raum.
Anschließend werden sie 3 - 4 Tage bei maximal 20°C kalt geräuchert.
Danach sollten die Filets ein schönes mittel- bis dunkelrotes Aussehen haben.

## 75. Hirschschinken

**Material:**
1 Hirschkeule (ca. 8 - 10 kg)

**Zutaten für die Pökellake:**
30 L Wasser
2,2 kg Nitritpökelsalz
100 g Rohrzucker

**Herstellung:**
Die Zutaten für die Pökellake gut miteinander verrühren. Die Hirschkeule in ein geeignetes Gefäß legen, mit der Lake übergießen und 6 Tage in einen ca. 5°C kühlen Raum stellen. Danach hängt man sie 4 Tage zum Trocknen in einen kühlen, gut durchlüfteten aber zugfreien Raum.
Anschließend wird der Hirschschinken 12 - 14 Tage bei maximal 20°C kalt geräuchert und sollte dann ein schönes dunkelrotes Aussehen haben.

## 76. Schinken vom Hirschkalb

**Material:**
1 Hirschkalbkeule (ca. 3 - 4 kg)

**Zutaten für die Gewürzlake:**
12 L Wasser
1,0 kg Nitritpökelsalz
30 g Rohrzucker
10 g weißer Pfeffer
2 gepresste Knoblauchzehen

**Herstellung:**
Die Zutaten für die Gewürzlake gut miteinander verrühren. Die Hirschkalbkeule in ein geeignetes Gefäß legen, mit der Lake übergießen und 5 Tage in einen ca. 5°C kühlen Raum stellen. Danach hängt man sie 3 Tage zum Trocknen in einen kühlen, gut durchlüfteten aber zugfreien Raum.
Anschließend wird der Hirschkalbschinken 7 - 9 Tage bei maximal 20°C kalt geräuchert und sollte dann ein schönes dunkelrotes Aussehen haben.

## 77. Nussschinken vom Wildschwein

**Material:**

3,0 kg Wildschweinnüsse (ca. 6 Stück)

**Zutaten für die Pökelsalzmischung:**

0,2 kg Nitritpökelsalz
10 g Rohrzucker

**Zutaten für die Gewürzlake:**

10 L Wasser
0,6 kg Nitritpökelsalz
10 g Rohrzucker
10 g Pfefferkörner
5,0 g Kümmel
8 Wacholderbeeren

**Herstellung:**
Zur Herstellung dieses Schinkens verwendet man den ausgelösten Teil des Wildschweinschinkens, der je nach Region als Nuss, Kugel oder auch Maus bezeichnet wird.
Die Wildschweinnüsse gut mit der Pökelsalzmischung einreiben, in ein geeignetes Gefäß legen und 2 Tage in einen ca. 5°C kühlen Raum stellen. Danach die kurz aufgekochte und erkaltete Gewürzlake darüber gießen und die Nüsse 2 Tage darin pökeln. Dann hängt man sie 2 Tage zum Trocknen in einen kühlen, gut durchlüfteten aber zugfreien Raum.
Anschließend werden sie 5 - 6 Tage bei maximal 20°C kalt geräuchert und sollten dann ein schönes dunkelrotes Aussehen haben.

## 78. Geräucherter Wildschweinrücken

**Material:**

| | | |
|---|---|---|
| 1 | | Wildschweinrücken ohne Knochen (ca. 3 kg) |

**Zutaten für die Pökelsalzmischung:**

| | | |
|---|---|---|
| 0,2 | kg | Nitritpökelsalz |
| 10 | g | Rohrzucker |

**Zutaten für die Gewürzlake:**

| | | |
|---|---|---|
| 10 | L | Wasser |
| 0,8 | kg | Nitritpökelsalz |
| 10 | g | Rohrzucker |
| 10 | g | zerstoßene Senfkörner |
| 2 | | gepresste Knoblauchzehen |

**Herstellung:**

Den Wildschweinrücken gut mit der Pökelsalzmischung einreiben, in ein geeignetes Gefäß legen und 2 Tage in einen ca. 5°C kühlen Raum stellen.
Danach wird das Salz mit Küchenpapier abgerieben, die Gewürzlake darüber gegossen und der Rücken 2 Tage darin gepökelt.
Dann hängt man ihn 2 Tage zum Trocknen in einen kühlen, gut durchlüfteten aber zugfreien Raum.
Anschließend wird er 5 - 7 Tage bei maximal 20°C kalt geräuchert und sollte dann ein schönes dunkelrotes Aussehen haben.

## 79. Lorbeerschinken vom Lamm

**Material:**

1 Lammkeule ohne Knochen (ca. 1,5 kg)

**Zutaten für die Gewürzlake:**

8,0 L Wasser
0,5 kg Nitritpökelsalz
10 Lorbeerblätter
5 Wacholderbeeren

**Herstellung:**
Die Lammkeule in ein geeignetes Gefäß legen, mit der zuvor kurz aufgekochten und erkalteten Lake übergießen und 3 Tage in einen ca. 5°C kühlen Raum stellen. Danach hängt man sie zum Trocknen in einen kühlen, gut durchlüfteten aber zugfreien Raum.
Anschließend wird der Lammschinken 5 - 6 Tage bei maximal 20°C kalt geräuchert und sollte dann ein schönes dunkelrotes Aussehen haben.

## 80. Geräucherte Hähnchenkeulen

**Material:**

10 Hähnchenkeulen (ca. 1,6 kg)

**Zutaten für die Gewürzlake:**

5,0 L Wasser
0,3 kg Nitritpökelsalz
15 g Zucker
2 Lorbeerblätter

**Herstellung:**
Die Zutaten für die Gewürzlake gut miteinander verrühren.
Die Hähnchenkeulen in ein geeignetes Gefäß legen, mit der Lake übergießen und 2 Tage in einen ca. 5°C kühlen Raum stellen. Danach hängt man sie 2 Tage zum Trocknen in einen kühlen, gut durchlüfteten aber zugfreien Raum.
Anschließend werden sie 1 - 2 Tage bei maximal 20°C kalt geräuchert und sollten dann ein schönes goldbraunes Aussehen haben.

## 81. Geräuchertes Entenbrustfilet

**Material:**
10 Entenbrustfilets (ca. 2,5 kg)

**Zutaten für die Gewürzlake:**

| | | |
|---|---|---|
| 8,0 | L | Wasser |
| 0,4 | kg | Nitritpökelsalz |
| 12 | g | Rohrzucker |
| 8 | | Wacholderbeeren |

**Herstellung:**
Die Zutaten für die Gewürzlake gut miteinander verrühren. Die Entenbrustfilets in ein geeignetes Gefäß legen, mit der Lake übergießen und 2 Tage in einen ca. 5°C kühlen Raum stellen. Dann hängt man sie 2 Tage zum Trocknen in einen kühlen, gut durchlüfteten aber zugfreien Raum. Anschließend werden sie 1 - 2 Tage bei maximal 20°C kalt geräuchert und sollten danach ein schönes mittel- bis dunkelrotes Aussehen haben.

## 82. Geräucherte Putenbrust

**Material:**
2 Putenbrustfilets (ca. 2,0 kg)

**Zutaten für die Gewürzlake:**

| | | |
|---|---|---|
| 5,0 | L | Wasser |
| 0,3 | kg | Nitritpökelsalz |
| 20 | g | Traubenzucker |
| 3 | | Lorbeerblätter |

**Herstellung:**
Die Zutaten für die Gewürzlake gut miteinander verrühren.
Die Putenbrustfilets in ein geeignetes Gefäß legen, mit der Lake übergießen und 2 Tage in einen ca. 5°C kühlen Raum stellen. Danach hängt man sie 2 Tage zum Trocknen in einen kühlen, gut durchlüfteten aber zugfreien Raum. Anschließend werden sie 3 - 4 Tage bei maximal 20°C kalt geräuchert und sollten dann ein schönes mittel- bis dunkelrotes Aussehen haben.

## SCHMALZHERSTELLUNG

Zur Herstellung von Schmalz wird das ungeräucherte Schlachtfett von Schweinen oder Gänsen klein geschnitten und dann bei mittlerer Temperatur ausgebraten.
Im Kühlschrank kann das fertige Schmalz in geschlossen Behältnissen über mehrere Wochen aufbewahrt werden.
Wurden bei der Herstellung Zwiebeln oder Äpfel verwendet, sollte der Verzehr innerhalb von 1 - 2 Wochen erfolgen. Ansonsten besteht die Gefahr des Säuerns.

## SCHMALZREZEPTE

### 83. Griebenschmalz

**Herstellung von 2,0 kg Griebenschmalz:**
2,4 kg Schweinerückenspeck in 1,5cm große Würfel schneiden und in einem Topf bei mittlerer Temperatur ausbraten. Um ein Anbrennen zu verhindern, muss dabei regelmäßig mit einem Holzlöffel umgerührt werden.
Das flüssige Schmalz ist gar, wenn man es mit einer Kelle heraus schöpft und es darin weiterkocht. Ist dieser Zustand erreicht, gießt man es durch ein Sieb in einen Steinguttopf. Die Grieben verbleiben dabei als Rückstand im Sieb oder können dem Schmalz zugegeben werden.
Während das Griebenschmalz abkühlt, muss es mehrmals umgerührt werden. Dadurch erzielt man eine klare, geschmeidige Konsistenz. Beim Auslassen von Schweinerückenspeck tritt ein Bratverlust von ca. 20 % auf.

## 84. Gänseschmalz

**Herstellung von 2,0 kg Gänseschmalz:**
2,3 kg Gänseflomen in 1,5cm große Würfel schneiden und in einem Topf langsam erhitzen. Da Gänsefett eine viel tiefere Schmelztemperatur als Schweinefett besitzt, muss dabei ständig mit einem Holzlöffel umgerührt werden. Ansonsten besteht die Gefahr des Anbrennens.
Sobald die Gänseflomen beginnen sich zu verflüssigen, gibt man eine klein gewürfelte Zwiebel dazu. Das flüssige Schmalz ist gar, wenn man es mit einer Kelle heraus schöpft und es darin weiterkocht.
Ist dieser Zustand erreicht, gießt man es durch ein Sieb in einen Steinguttopf. Während das Gänseschmalz abkühlt, muss es mehrmals umgerührt werden. Dadurch erzielt man eine klare, geschmeidige Konsistenz.
Beim Auslassen von Gänseflomen tritt ein Bratverlust von ca. 15 % auf.

## 85. Apfel - Zwiebel - Schmalz

**Herstellung von 2,0 kg Apfel - Zwiebel - Schmalz:**
2,3 kg Schweineflomen in 1,5cm große Würfel schneiden und in einem Topf bei mittlerer Temperatur ausbraten. Um ein Anbrennen zu verhindern, muss dabei regelmäßig mit einem Holzlöffel umgerührt werden. Sobald die Flomen beginnen sich zu verflüssigen, gibt man drei klein gewürfelte Zwiebeln und einen süßen, ebenfalls klein gewürfelten Apfel dazu. Das flüssige Schmalz ist gar, wenn man es mit einer Kelle heraus schöpft und es darin weiterkocht. Ist dieser Zustand erreicht, gießt man es in einen Steinguttopf. Während das Apfel - Zwiebel - Schmalz abkühlt, muss es mehrmals umgerührt werden. Dadurch erzielt man eine klare, geschmeidige Konsistenz.
Beim Auslassen von Schweineflomen tritt ein Bratverlust von ca. 15 % auf.

## 86. Flomenschmalz

**Herstellung von 2,0 kg Flomenschmalz:**
2,3 kg Schweineflomen in 1,5cm große Würfel schneiden und in einem Topf bei mittlerer Temperatur ausbraten.
Um ein Anbrennen zu verhindern, muss dabei regelmäßig mit einem Holzlöffel umgerührt werden.
Sobald die Flomen beginnen sich zu verflüssigen, gibt man eine klein gewürfelte Zwiebel dazu.
Das flüssige Schmalz ist gar, wenn man es mit einer Kelle heraus schöpft und es darin weiterkocht.
Ist dieser Zustand erreicht, gießt man es in einen Steinguttopf.
Während das Flomenschmalz abkühlt, muss es mehrmals umgerührt werden.
Dadurch erzielt man eine klare, geschmeidige Konsistenz.
Beim Auslassen von Schweineflomen tritt ein Bratverlust von ca. 15 % auf

## KONSERVIERUNG

Um Fleisch- und Wurstwaren haltbar zu machen, werden verschiedene Konservierungsverfahren angewandt.

Eines davon ist das luftdichte Verschließen in Dosen oder Gläsern unter gleichzeitiger Erhitzung.

Diese Konservierungsmethode sollte aber nicht bei schwülem Wetter durchgeführt werden, da das zu verarbeitende Material dann besonders schnell säuert.

Außerdem ist bei der Gewürzzugabe auf eine sparsamere Dosierung zu achten, da im Gegensatz zu im Darm hergestellter Wurst die Gewürze nicht im Kessel herauskochen können.

### Dosenkonserven

Dosenkonserven sind unzerbrechlich, beanspruchen wenig Platz bei der Lagerung und verhindern durch ihre Lichtundurchlässigkeit ein schnelles Zersetzen des Inhaltes.

Um ein einwandfreies Endprodukt zu erhalten, sollte man zur Dosenkonservierung nur frisches Ausgangsmaterial verwenden, das entweder roh oder vorgekocht bis kurz unter den Bördelrand in die Dosen gefüllt wird.

Vor dem Füllen müssen die Dosen gründlich mit heißem Wasser gereinigt und dann gut abgetrocknet werden.

Beim Verschließen mit Hilfe einer manuellen, halbautomatischen oder automatischen Verschlussmaschine sollte zur Vermeidung von fehlerhaften Konserven (Bombagen) unbedingt darauf geachtet werden, dass der Verschluss sauber und absolut dicht ist.

Danach müssen die Dosen sofort gekocht (pasteurisiert oder sterilisiert) werden.

Wichtig dabei ist, dass sie vollständig mit Wasser bedeckt sind.

Damit der Geschmack, die Farbe und Konsistenz des Inhaltes erhalten bleiben, müssen die Dosen nach Ablauf der vorgeschriebenen Kochzeiten in kaltem Wasser abgeschreckt werden. Dadurch wird ein Nachkochen des Inhaltes vermieden.

## Pasteurisieren

Beim Pasteurisieren erhitzt man die Dosen kurzfristig auf Temperaturen bis 100°C.

Hierfür wird das Wasser erst langsam erwärmt und dann eine gleichmäßige Temperatur gehalten.

Dies kann in jedem beliebigen Topf oder Kessel vorgenommen werden.

Der Inhalt von pasteurisierten Dosen ist nur einige Monate haltbar, da Keime und Bakterien erst ab Wassertemperaturen von über 100°C vollständig abgetötet werden.

Die Lagerung dieser Konserven sollte kühl und dunkel erfolgen.

## Sterilisieren

Beim Sterilisieren muss das Wasser ständig kochen.

Die Kochzeit wird dabei erst vom Siedezeitpunkt des Konserveninhaltes an gerechnet, was am Ausbeulen des Dosendeckels zu erkennen ist.

Um den Inhalt von sterilisierten Konserven über mehrere Jahre haltbar zu machen, müssen sie bei Temperaturen von über 100°C gekocht werden.

Da dies aber nur in geschlossenen Überdruckbehältern möglich ist, wird oftmals das Verfahren des Nachsterilisierens angewandt.

Dabei kocht man die Dosen nach Ablauf von 24 Stunden nochmals bei derselben Wassertemperatur wie beim ersten Mal. Allerdings verringert sich dann die Kochzeit um ein Viertel.

## Glaskonserven

Der Vorteil von Glaskonserven besteht darin, dass sie wieder verwendet werden können und der Inhalt durch das transparente Material gut zu erkennen ist.

Nachteilig wirkt sich die schlechte Wärmeleitfähigkeit von Glas aus, weshalb sie länger gekocht werden müssen als Dosen.

Da sich der Inhalt während des Kochens ausdehnt, dürfen Glaskonserven nur zu zwei Drittel gefüllt werden.

Nach dem Einfüllen sind sie sofort zu verschließen.

Dabei ist unbedingt darauf zu achten, dass sich am Deckel und Glasrand kein Fett befindet. Ansonsten besteht die Gefahr von undichten Verschlüssen.

Das Kochen kann in jedem beliebigen Topf oder Kessel vorgenommen werden.

Um dabei ein Platzen der Gläser zu verhindern, stellt man sie zunächst in kaltes Wasser, das dann langsam erhitzt wird.

Falls die Gläser zu leicht sind und „schwimmen", müssen sie von oben soviel beschwert werden, bis sie vollständig mit Wasser bedeckt sind.

Nach dem Kochen hebt man die Gläser mit einem Schaumlöffel heraus und lässt sie an der Luft abkühlen.

Damit sich das Fett nicht absetzt, müssen sie dabei mehrmals gedreht werden.

Anschließend sind sie kühl und dunkel zu lagern.

## 87. Sahneleberwurst

**Material für 5 kg Masse:**

| | | |
|---|---|---|
| 2,3 | kg | Schweineschulter |
| 1,2 | kg | Schweinebauch ohne Schwarte |
| 1,0 | kg | Schweineleber |
| 0,5 | l | Süße Sahne |

**Gewürze und Zutaten je kg Masse:**

| | | |
|---|---|---|
| 20 | g | Salz |
| 1,0 | g | Zucker |
| 2,0 | g | weißer Pfeffer |
| 0,5 | g | Macis |
| 0,3 | g | Ingwer |

**Herstellung:**
Die Leber in Scheiben schneiden, kurz mit kochendem Wasser übergießen und nach dem Abkühlen zweimal durch die 2mm - Scheibe des Wolfes lassen.
Die Schulter und den Bauch erst 5 Minuten in kochendes Wasser geben und dann solange in 90°C heißem Wasser garen, bis eine Kerntemperatur von 65°C erreicht ist. Danach schneidet man beides in Stücke und wolft es nacheinander durch die 2mm - Scheibe.
Anschließend wird die Masse gewürzt, gut mit der Süßen Sahne vermengt und mit Hilfe der Füllmaschine zu zwei Drittel in 300g - Gläser gefüllt.
Die Gläser sind sofort zu verschließen und im Kochwasser langsam auf 100°C zu erhitzen.
Nach dem Kochen lässt man die Gläser an der Luft abkühlen. Damit sich das Fett nicht absetzt, müssen sie dabei mehrmals gedreht werden.
**Die Kochzeit ab 100°C Wassertemperatur beträgt 100 Minuten.**

## 88. Hausmacher Leberwurst

**Material für 5 kg Masse:**

| | | |
|---|---|---|
| 1,6 | kg | magere Schweineschulter |
| 1,4 | kg | Nackenspeck vom Schwein |
| 1,0 | kg | Mickerfett (Darmfett) |
| 1,0 | kg | Schweineleber |

**Gewürze und Zutaten je kg Masse:**

| | | |
|---|---|---|
| 20 | g | Salz |
| 3,0 | g | Pfeffer, gemahlen |
| 3,0 | g | Majoran |
| 0,5 | g | Kardamom |
| 20 | g | Zwiebeln, geschmort |

**Herstellung:**
Die Leber zusammen mit den Zwiebeln zweimal durch die 2mm - Scheibe des Wolfes lassen.
Die Schulter und den Nackenspeck erst 5 Minuten in kochendes Wasser geben und dann solange in 90°C heißem Wasser garen, bis eine Kerntemperatur von 65°C erreicht ist. Das Mickerfett gar kochen. Danach schneidet man alles in Stücke und wolft es nacheinander durch die 4mm - Scheibe.
Anschließend wird die Masse gewürzt, gut vermengt und mit Hilfe der Füllmaschine zu zwei Drittel in 300g - Gläser gefüllt.
Die Gläser sind sofort zu verschließen und im Kochwasser langsam auf 100°C zu erhitzen.
Nach dem Kochen lässt man die Gläser an der Luft abkühlen. Damit sich das Fett nicht absetzt, müssen sie dabei mehrmals gedreht werden.
**Die Kochzeit ab 100°C Wassertemperatur beträgt 100 Minuten.**

## 89. Hausschlachteblutwurst

**Material für 5 kg Masse:**

| | | |
|---|---|---|
| 1,7 | kg | Rückenspeck vom Schwein |
| 1,4 | kg | Schweinebauch, mager und gepökelt |
| 0,6 | kg | Schwarten |
| 0,3 | kg | Schweineherz |
| 1,0 | l | Schweineblut |

**Gewürze und Zutaten je kg Masse:**

| | | |
|---|---|---|
| 20 | g | Salz |
| 3,0 | g | Pfeffer |
| 1,0 | g | Majoran |
| 0,5 | g | Macis |
| 0,2 | g | Nelken |
| 10 | g | Zwiebeln, geschmort |

**Herstellung:**
Den Rückenspeck in 1cm große Würfel, das Schweineherz in kleine Stücke schneiden und beides kurz mit kochendem Wasser abbrühen
Den Bauch erst 5 Minuten in kochendes Wasser geben und dann solange in 90°C heißem Wasser garen, bis eine Kerntemperatur von 65°C erreicht ist. Danach wird er in 1cm große Würfel geschnitten.
Die mittelweich gekochten Schwarten in noch warmem Zustand zusammen mit den Zwiebeln durch die 2mm - Scheibe des Wolfes lassen und mit dem Schweineblut vermischen.
Danach das restliche Material zugeben, die Masse würzen und gut miteinander vermengen. Anschließend wird sie mit Hilfe der Füllmaschine zu zwei Drittel in 300g - Gläser gefüllt.
Die Gläser sind sofort zu verschließen und im Kochwasser langsam auf 100°C zu erhitzen. Nach dem Kochen lässt man sie an der Luft abkühlen. Damit sich das Fett nicht absetzt, müssen sie dabei mehrmals gedreht werden.
**Die Kochzeit ab 100°C Wassertemperatur beträgt 100 Minuten.**

## 90. Schwartenwurst

**Material für 5 kg Masse:**

1,5 kg Schweinekopffleisch
1,0 kg Eisbeinfleisch
1,5 kg Schwarten
1,0 L Fleischbrühe

**Gewürze und Zutaten je kg Masse:**

20 g Salz
2,0 g Pfeffer
2,0 g ganzer Kümmel
1,0 g Majoran
0,3 g Macis

**Herstellung:**
Das Schweinekopf- und Eisbeinfleisch erst 5 Minuten in kochendes Wasser geben und dann solange in 80°C heißem Wasser garen, bis eine Kerntemperatur von 65°C erreicht ist.
Danach beides in 1cm breite Streifen schneiden.
Die Schwarten mitteilweich kochen und in noch warmem Zustand durch die 2mm - Scheibe des Wolfes lassen.
Anschließend werden sie mit der Fleischbrühe, den Fleischstreifen und den Gewürzen vermengt.
Die Masse mit Hilfe der Füllmaschine zu zwei Drittel in 300g - Gläser füllen.
Die Gläser sind sofort zu verschließen und im Kochwasser langsam auf 100°C zu erhitzen.
Nach dem Kochen lässt man sie an der Luft abkühlen.
**Die Kochzeit ab 100°C Wassertemperatur beträgt 100 Minuten.**

## 91. Pottsuse

**Material für 5 kg Masse:**

| | | |
|---|---|---|
| 2,5 | kg | Schweineschulter |
| 2,5 | kg | Schweinebauch ohne Schwarte |

**Gewürze und Zutaten je kg Masse:**

| | | |
|---|---|---|
| 20 | g | Salz |
| 3,0 | g | Pfeffer |
| 0,5 | g | Piment |
| 0,3 | g | Macis |
| 15 | g | Zwiebeln, geschmort |

**Herstellung:**
Den Schweinebauch in Stücke schneiden und durch die 4mm - Scheibe des Wolfes lassen.
Die zerteilte Schweineschulter in einen entsprechend großen Topf geben, mit leicht gesalzenem Wasser bedecken und unter Zugabe von Suppengrün nicht ganz weich kochen.
Wenn das Fleisch abgekühlt ist wird es in Stücke gerissen und gut mit dem gewolften Schweinebauch sowie den Gewürzen und Zutaten vermengt.
Anschließend füllt man die Masse zu zwei Drittel in 300g - Gläser.
Die Gläser sind sofort zu verschließen und im Kochwasser langsam auf 100°C zu erhitzen. Nach dem Kochen lässt man sie an der Luft abkühlen.
**Die Kochzeit ab 100°C Wassertemperatur beträgt 60 Minuten.**

## 92. Gehacktes im Glas

**Material für 5 kg Masse:**

| | | |
|---|---|---|
| 3,3 | kg | Schweineschulter |
| 1,7 | kg | Schweinebauch ohne Schwarte |

**Gewürze und Zutaten je kg Masse:**

| | | |
|---|---|---|
| 20 | g | Nitritpökelsalz |
| 2,0 | g | weißer Pfeffer |
| 1,0 | g | Paprikagewürz |
| 1,0 | g | Zucker |
| 20 | g | Zwiebeln, geschmort |

**Herstellung:**
Die Schweineschulter und den Schweinebauch in Stücke schneiden und durch die 2mm - Scheibe des Wolfes lassen.
Die gewolfte Masse dann gut mit den Gewürzen und Zutaten vermengen.
Anschließend wird sie mit Hilfe der Füllmaschine zu zwei Drittel in 300g - Gläser gefüllt.
Die Gläser sind sofort zu verschließen und im Kochwasser langsam auf 100°C zu erhitzen.
Nach dem Kochen lässt man sie an der Luft abkühlen.
Damit sich das Fett nicht absetzt, müssen sie dabei mehrmals gedreht werden.
**Die Kochzeit ab 100°C Wassertemperatur beträgt 100 - 120 Minuten.**

## 93. Knackwurst im Glas

**Material für 5 kg Masse:**

| | | |
|---|---|---|
| 2,0 | kg | Schweineschulter |
| 1,0 | kg | Schweinenacken |
| 2,0 | kg | Schweinebauch ohne Schwarte |

**Gewürze und Zutaten je kg Masse:**

| | | |
|---|---|---|
| 20 | g | Salz |
| 2,0 | g | Pfeffer |
| 0,5 | g | Muskat |
| 0,3 | g | Ingwer |
| 15 | g | Zwiebeln, geschmort |

**Herstellung:**
Das Material in Stücke schneiden und dann solange in 80°C heißem Wasser garen, bis eine Kerntemperatur von 65°C erreicht ist.
Danach wird es durch die 2mm - Scheibe des Wolfes gelassen und gut mit den Gewürzen und Zutaten vermengt.
Anschließend füllt man die Masse zu zwei Drittel in 300g - Gläser.
Die Gläser sind sofort zu verschließen und im Kochwasser langsam auf 100°C zu erhitzen.
Nach dem Kochen lässt man sie an der Luft abkühlen.
**Die Kochzeit ab 100°C Wassertemperatur beträgt 60 Minuten.**

## 94. Mortadella

**Material für 5 kg Masse:**

| | | |
|---|---|---|
| 2,0 | kg | Rinderschulter, gekühlt |
| 1,3 | kg | Schweinenacken, gekühlt |
| 1,2 | kg | Schweinerückenspeck, gut gekühlt |
| 0,5 | kg | Eisschnee |

**Gewürze und Zutaten je kg Masse:**

| | | |
|---|---|---|
| 20 | g | Nitritpökelsalz |
| 2,0 | g | weißer Pfeffer |
| 0,5 | g | Macis |
| 0,5 | g | Koriander |
| 0,3 | g | Ingwer |

**Herstellung:**
Die Rinderschulter und den Schweinenacken in Stücke schneiden, mit der gesamten Nitritpökelsalzmenge von 100g vermischen, nacheinander durch die die 2mm - Scheibe des Wolfes lassen und zum Umröten 24 Stunden kühl stellen. Am Herstellungstag wird beides unter Zugabe der restlichen Gewürze und Zutaten solange im langsamen Gang gekuttert, bis die Temperatur der Masse 0°C beträgt. Dann gibt man langsam 2/3 des Eisschnees dazu und kuttert das Brät bindig. Dabei sollte die Temperatur von 3°C nicht überschritten werden. Danach wird der gut gekühlte, zuvor durch die 3mm - Scheibe gewolfte Rückenspeck langsam untergekuttert, der restliche Eisschnee zugegeben und das Brät im schnellsten Gang bis zur Temperatur von 10°C fertig gekuttert. Anschließend die Masse mit Hilfe der Füllmaschine bis kurz unter den Rand in 250g - Dosen füllen und verschließen.
Nach dem Kochen werden die Dosen in kaltem Wasser abgeschreckt.
**Die Kochzeit ab 100°C Wassertemperatur beträgt 50 Minuten.**

## 95. Stichfleisch im Glas

**Material für 5 kg Masse:**

| | | |
|---|---|---|
| 4,0 | kg | Schweinebauch ohne Schwarte |
| 1,0 | L | Kochbrühe |

**Gewürze und Zutaten je kg Masse:**

| | | |
|---|---|---|
| 1 | EL | Weinessig |
| 60 | g | Aspikpulver (zur Kochbrühe) |

Senfkörner nach Geschmack
Wacholderbeeren nach Geschmack
Lorbeerblätter nach Geschmack

**Herstellung:**
Den Schweinebauch in Salzwasser, dem einige Senfkörner, Wacholderbeeren und Lorbeerblätter beigefügt wurden, fast gar kochen.
Anschließend wird er in 1cm breite Streifen geschnitten und in 300g - Gläser gepackt.
Das Aspikpulver in etwas kaltem Wasser ca. 10 Minuten quellen lassen, in einem Liter der Kochbrühe auflösen, den Weinessig einrühren und damit die Gläser auffüllen.
Die Gläser dann sofort verschließen, im Kochwasser langsam auf 100°C erhitzen und nach dem Kochen an der Luft abkühlen lassen.
**Die Kochzeit ab 100°C Wassertemperatur beträgt 70 Minuten.**

## 96. Eisbein in Aspik

**Material für 5 kg Masse:**

4,0 kg gepökeltes Eisbeinfleisch
1,0 L Kochbrühe

**Gewürze und Zutaten je kg Masse:**

60 g Aspikpulver (zur Kochbrühe)
2,0 g weißer Pfeffer

Lorbeerblätter nach Geschmack
Pfefferkörner nach Geschmack
Pimentkörner nach Geschmack

**Herstellung:**
Das Eisbeinfleisch in leicht gesalzenem Wasser, dem einige Lorbeerblätter sowie Pfeffer- und Pimentkörner beigefügt wurden, fast gar kochen.
Anschließend wird es in grobe Stücke geschnitten, mit dem Pfeffer vermengt und in 300g - Gläser gefüllt.
Das Aspikpulver in etwas kaltem Wasser ca. 10 Minuten quellen lassen, in einem Liter der Kochbrühe auflösen und damit die Gläser auffüllen.
Die Gläser dann sofort verschließen, im Kochwasser langsam auf 100°C erhitzen und nach dem Kochen an der Luft abkühlen lassen.
**Die Kochzeit ab 100°C Wassertemperatur beträgt 70 Minuten.**

## 97. Schweinefleisch im eigenen Saft

**Material für 5 kg Masse:**

| | | |
|---|---|---|
| 3,4 | kg | Schweineschulter |
| 1,0 | kg | Schweinebauch ohne Schwarte |
| 0,6 | L | Wasser |

**Gewürze und Zutaten je kg Masse:**

| | | |
|---|---|---|
| 10 | g | Nitritpökelsalz |
| 10 | g | Salz |
| 2,0 | g | Pfeffer |
| 0,5 | g | Muskat |
| 0,3 | g | Ingwer |
| 0,3 | g | Koriander |

**Herstellung:**
Das Schulterfleisch und den Schweinebauch in Stücke schneiden, mit der Hälfte der angegebenen Salz- und Gewürzmenge vermischen und durch die 12mm - Scheibe des Wolfes lassen.
Die restliche Salz- und Gewürzmenge in 0,6 Liter kaltem Wasser auflösen und danach solange mit dem gewolften Fleisch vermengen, bis alles gebunden ist.
Die Masse zum Umröten 24 Stunden kühl stellen, dann nochmals kurz durchmengen und in 400g - Dosen füllen.
Nach dem Verschließen werden die Dosen in 100°C heißem Wasser gekocht und anschließend in kaltem Wasser abgeschreckt.
**Die Kochzeit ab 100°C Wassertemperatur beträgt 70 Minuten.**

## 98. Schmalzfleisch

**Material für 5 kg Masse:**

| | | |
|---|---|---|
| 3,3 | kg | fetter Schweinebauch ohne Schwarte |
| 1,7 | kg | Schweineschulter |

**Gewürze und Zutaten je kg Masse:**

| | | |
|---|---|---|
| 10 | g | Salz |
| 3,0 | g | Rohrzucker |
| 1,0 | g | weißer Pfeffer |
| 0,3 | g | Ingwer |
| 0,3 | g | Koriander |
| 0,2 | g | Macis |

**Herstellung:**
Den Schweinebauch und die Schulter in Stücke schneiden.
Danach wird beides nacheinander durch die 4mm - Scheibe des Wolfes gelassen.
Anschließend gibt man die Gewürze und Zutaten hinzu, vermengt alles gut und füllt die Schmalzfleischmasse bis kurz unter den Rand in 400g - Dosen.
Nach dem Verschließen der Dosen werden sie in 100°C heißem Wasser gekocht.
Anschließend müssen sie in kaltem Wasser abgeschreckt werden.
**Die Kochzeit ab 100°C Wassertemperatur beträgt ca. 70 Minuten**

## 99. Rindfleisch im eigenen Saft

**Material für 5 kg Masse:**

| | | |
|---|---|---|
| 4,2 | kg | Rinderschulter |
| 0,8 | L | Wasser |

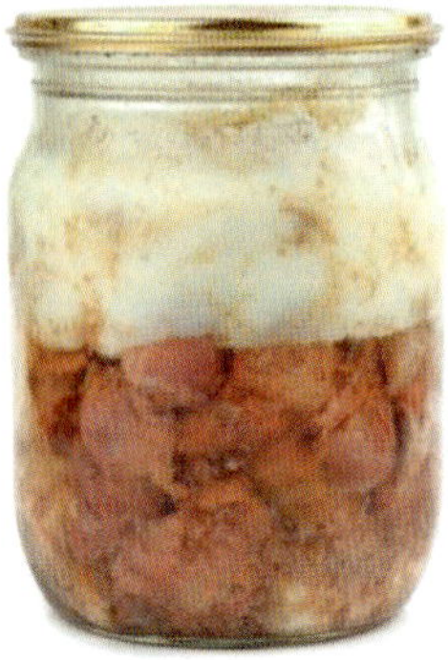

**Gewürze und Zutaten je kg Masse:**

| | | |
|---|---|---|
| 20 | g | Nitritpökelsalz |
| 2,0 | g | Pfeffer |
| 0,5 | g | Muskat |
| 0,3 | g | Koriander |
| 0,3 | g | Ingwer |

**Herstellung:**
Die Rinderschulter in Stücke schneiden, mit der Hälfte der angegebenen Salz- und Gewürzmenge vermischen und durch die 12mm - Scheibe des Wolfes lassen.
Die restliche Salz- und Gewürzmenge in 0,8 Liter kaltem Wasser auflösen und danach solange mit dem gewolften Fleisch vermengen, bis alles gebunden ist.
Die Masse zum Umröten 24 Stunden kühl stellen, dann nochmals kurz durchmengen und in 400g - Dosen füllen.
Nach dem Verschließen werden die Dosen in 100°C heißem Wasser gekocht und
anschließend in kaltem Wasser abgeschreckt.
**Die Kochzeit ab 100°C Wassertemperatur beträgt 70 Minuten.**

## 100. Corned beef

**Material für 5 kg Masse:**

| | | |
|---|---|---|
| 4,5 | kg | sehnenfreie Rinderschulter |
| 0,5 | L | Kochbrühe |

**Gewürze und Zutaten je kg Masse:**

| | | |
|---|---|---|
| 10 | L | Wasser |
| 1,2 | kg | Nitritpökelsalz |
| 20 | g | Zucker |
| 10 | g | Pfeffer |
| 3 | | Lorbeerblätter |

**Herstellung:**
Die Rinderschulter in ein geeignetes Gefäß legen, mit der Pökellake übergießen und 3 Tage in einen ca. 5°C kühlen Raum stellen. Danach wird sie kurz mit warmem Wasser abgewaschen, in grobe Stücke geteilt und gar gekocht. Hierfür gibt man sie in einen ausreichend großen Topf, fügt einige Pfefferkörner, Wacholderbeeren und Lorbeerblätter zu und bedeckt alles knapp mit Fleischbrühe. Nach dem Kochen wird die Rinderschulter in noch warmem Zustand in Stücke gerissen und dann gut mit insgesamt 70g Aspikpulver vermischt. Anschließend vermengt man das Material solange mit 0,5 Liter der Kochbrühe, bis alles gebunden ist.
Die Masse wird dann bis kurz unter den Rand in Dosen gefüllt, nach dem Verschließen in 100°C heißem Wasser gekocht und anschließend in kaltem Wasser abgeschreckt.
**Die Kochzeit ab 100°C Wassertemperatur beträgt 50 Minuten.**

# SACHWORTREGISTER


Arbeitsschutzkleidung 17
Arbeitssicherheit 17
Arbeitszubehör 22
Aspik 76/77

Blockbürste 19
Blutwurstrezepte 65-75
Blutwürste 60
- Herstellung 60-62
- Fotos Herstellung 63-64
Bolzenschussapparat 19
Brühwurst 40/109
- Herstellung 109-111
- Fotos Herstellung 112-113
Brühwurstrezepte 114-121

Cayennepfeffer 30

Därme 25
Dosenkonservierung 151

Eimer 22
Emulgatoren 34

Farbstoffe 34
Fleischerband 24
Fleischerbeil 18
Fleischerhaken 24
Fleischgabel 24
Fleischthermometer 24
Fleischuntersuchung 16
Fleischwaage 23
Fleischwolf 20

GdL 34
Geschmacksverstärker 34
Gewerbeschein 14
gewerbliche Schlachtung 14
Gewürze 28
- Lagerung 29
- Verwendung 29
Gewürzschaufel 23
Gewürzwaage 23
Glaskonserven 153

Hackblock 19
Hackklotz 19
Hammelbutte 27
Handknochensäge 19
Hausschlachtung 14

Infektionsschutz 15
Ingwer 30

Kardamom 30
Kesselgabel 24
Knoblauch 30
Kochkessel 23
Kochsalz 35
Kochwurst 40
Kochwurstarten 40
Konservierung 151
Konservierungsstoffe 34
Koriander 30
Kratzglocke 19
Krauser Darm 26
Kümmel 30
Kunstdärme 25
Kutter 21
Kutterhilfsmittel 34

Lakemesser 22
Lakepökelung 125
Lakespritze 22
Leberkäseform 24
Leberwurst 41
- Herstellung 41-45
- Fotos Herstellung 44-45
Leberwurstrezepte 46-59
Lorbeerblätter 31

Macis 31
Majoran 31
Maschinen 19
Menger 21
Mengmaschine 21
Messbecher 24
Messer 18
Muskatnuss 31

Nachende 26
Naturdärme 25
Nelken 31
Nitritpökelsalz 35

Paprika 32
Pastetenform 24
Pasteurisieren 152
Pfeffer 32
Piment 32
Pökelgefäße 22
Pökeln 123
Pökelspritze 22
Pökelutensilien 127

Rauch 35
Räuchern 128-129
- Methoden 132-134
- Utensilien 130
Räucherofen 130
Reifemittel 34
Rinderbutte 27
Rinderfettende 27
Rinderkranzdarm 27
Rindermitteldarm 27
Rohwurst 40
- Rezepte 97-108
Rohwürste 92
- Herstellung 92-95
- Fotos Herstellung 96

Sachkundenachweis 14
Salpeter 35
Schabeglocke 19
Schafssaitling 27
Schinken 123
- Rezepte 135-147
Schinkenkocher 24
Schlachttier 16
- Untersuchung 16
Schlachtung 14
Schmalzherstellg. 148
- Rezepte 148-150
Schneidebretter 22

## SACHWORTREGISTER

Schnittlauch 32
Schöpfkelle 24
Schüsseln 22
Schwein 36
- Teilstücke 36
Schweineblase 26
Schweinebutte 26
Schweinedünndarm 26
Schweinefettende 26
Schweinemagen 26
Schweineschlacke 26
Schweinskrausedarm 26
Schweinssaitling 26
Seiher 23
Sellerie 33
Senfkörner 32
Sieb 23
Sonstige Wursthüllen 25
Spalter 19
Spritzpökelung 126
Stahl 18
Sterilisieren 152
Sülzen 76
- Herstellung 76-77
Sülzenrezepte 78-83
Sülzwürste 84
- Herstellung 84-85
- Fotos Herstellung 86
Sülzwurstrezepte 87-91
Thymian 33
Traubenzucker 35
Trockenpökelung 124

Wacholderbeeren 33
Wannen 22
Werkzeuge 18
Wurstfüllmaschine 19
Wurstkonserven 154 ff.
Wursttrichter 23

Zimt 33
Zucker 35
Zusatzstoffe 15/34
Zwiebeln 33

## GESETZLICHE QUELLEN

- **Fleischhygienegesetz** (FlHG)
  vom 30. Juni 2003, zuletzt geändert am 09. November 2004
- **Tierschutzgesetz**
  vom 13. Juli 2013, in der Fassung der Bekanntmachung vom 18. Mai 2006
- **Tierschutzschlachtverordnung (TierSchlV)**
  vom 20. Dezember 2012
- **Zusatzstoff - Zulassungsverordnung (ZZulV)**
  vom 29. Januar 1998, zuletzt geändert am 21. Mai 2012

## BILDNACHWEIS

- **Fotos von K.v.Roschinsky:**

  Seite: 3,4,16,17,18,20,21,22,23,28,39,43,44,45,49,62,63,64,79,86,87,95,96, 100,106,107,112,113,120,121,122 u.l.,123,124,125,126,127,130,131 132,133,134,136,137 oben,138,142 oben,152,153,156,157,158,159,160

- **Fotos von „Bigstockphoto": Coverfoto vorne und hinten sowie:**

  Seite: 1,13,26,27,29,30,31,32,33,35,36,38,40,41,46,47,48,50,51,52,53,54,55,56, 57,58,59,65,66,67,68,69,70,71,72,73,74,75,76,77,78,80,81,82,83,85,88, 89,90,91,94,97,98,99,101,102,103,104,105,108,109,114,115,116,117,118 119,122 oben,129,135,137 unten,139,140,141,142 unten,143,144,145,146, 147,148,149,150,154,155,161,162,163,164,165,166,167